高校多元管理评价建设研究

李　勇◎著

中国原子能出版社

图书在版编目（CIP）数据

高校多元管理评价建设研究 / 李勇著. --北京：
中国原子能出版社，2023.8

ISBN 978-7-5221-2891-7

Ⅰ. ①高… Ⅱ. ①李… Ⅲ. ①高等学校–学校管理–
研究 Ⅳ. ①G647

中国国家版本馆 CIP 数据核字（2023）第 154496 号

高校多元管理评价建设研究

出版发行	中国原子能出版社（北京市海淀区阜成路 43 号　100048）	
责任编辑	杨　青	
责任印制	赵　明	
印　　刷	北京天恒嘉业印刷有限公司	
经　　销	全国新华书店	
开　　本	787 mm×1092 mm　1/16	
印　　张	11.5	
字　　数	200 千字	
版　　次	2024 年 1 月第 1 版　2024 年 1 月第 1 次印刷	
书　　号	ISBN 978-7-5221-2891-7　　　定　价　72.00 元	

发行电话：010-68452845　　　　　　　版权所有　侵权必究

　　随着国家对现代化建设重视程度的不断提升，现代化建设迎来了新的挑战和机遇，教育现代化是国家现代化的基础引擎与支撑。高等教育作为一个特殊的社会活动领域，其基本属性、运行逻辑、体系结构及变革要求等共同决定着特定大学治理模式的选择与调整，但在我国教育现代化进程中，仍存在关键领域的教育综合改革缺位、教育治理体系与治理能力现代化水平有待提升等问题。同时，在高等教育日益普及的今天，高校学生群体日益壮大，这使得对高校学生的管理工作要求日益提高。科学化、长效化、智慧化等现代化管理要求日益成为当前高校的管理工作研究趋势。我们可以通过将传统管理方法与现代化建设相融合，衍生出创新型现代化管理模式，利用现代化建设所赋予的信息技术优势，有效解决当前高校管理的瓶颈，这对高校传统管理模式向现代化的转变能够起到较为显著的提升作用。

　　想要推动现代化高校发展，就要对高校的各项管理进行评价体系建设，以绩效评价为理念，将高校发展的各个环节都纳入评价体系中，这才能让高校管理有序地进行。

　　本书立足于高校的管理评价建设，对高校的各项事务进行评价建设研究，共分为六章。第一章为高校管理评价概述，分别介绍了现代高校管理思想、高校管理的目标和原则、高校管理评价内涵。第二章为高校教学质量管理评价体系建设，先介绍了高校教学管理的理论与体系，然后阐述了高校教学质量评估现状，最后提出高校教学质量管理评价系统构建。第三章为高校科研管理评价体系建设。第四章是高校辅导员管理评价体系建设，主要围绕高校辅导员的工作展开论述，包括高校辅导员的角色定位与职业能力、队伍建设现状，以及绩效评价建设。第五章为高校学生事务管理评价体系建设，先对高校学生事务管理进行概述，然后论述高校学生事务管理的方法及其评价体系建设。第六章为高校图书馆学科化服务管理评价体系建设的相关内容。

在撰写本书的过程中，作者得到了相关专家、学者的帮助和指导，在此表示感谢。本书内容全面，条理清晰，但由于作者水平有限，书中难免有疏漏之处，希望广大读者及时指正。

作　者

2023 年 1 月

第一章
高校管理评价概述

高等教育是发展最快，也是最为复杂的社会事业之一，高校的管理和评价对高校的发展十分重要。本章依次介绍了现代高校管理思想、高校管理的目标和原则及高校管理评价内涵三方面的内容。

第一节　现代高校管理思想

在知识经济时代，社会主要依赖高科技和知识资源，尤其是信息技术，它们将知识的积累和应用转化为生产力，推动劳动生产率的提高。这导致了知识信息化、政治多元化、经济全球化和文化多样性等方面的变革，这些变化深刻地影响了社会关系和各个方面的社会生活。因此，作为培育国家精英和高素质人才的高等教育机构，在知识经济时代应充分运用现代管理思维，持续不断地培养能满足我国各行业、各层次需求的职业人才，使受教育者能在现今和未来的工作中实现个人成长，这有助于为高校和受教育者在未来社会中实现共赢打下坚实基础。

一、高校管理思想现代化的产生原因

"高校是基因与环境共同作用的产物。"在外部环境与校园传统之间，高校的发展始终保持一种动态平衡。高校管理的核心是寻求这两种力量间的平衡，并维持适度的张力。随着外部环境和社会需求的变化，高校内部的结构和文化传统也必然发生变化，管理思想也会相应调整。

近代高校以 19 世纪德国柏林大学的创建为开端，将推动科学发展和培养具有真理探求及批判创新精神的人才作为目标。科学研究被引入高校、研究所和"习明纳"等基本组织单元在高校内部建立，使高校成为以研究为核心的学

术机构和人才培训基地。高校组织结构变得更加复杂，社会职能发生重大变革，奠定了现代高校管理制度的基础。

随后，"威斯康星思想"在美国高等教育体系中产生，并且"多元化巨型高校"在 20 世纪中叶涌现出来。为满足多元化社会需求，高等教育在应对多元主体参与高校组织的要求过程中，形成了多元化的高校管理思想，以解决或平衡高校内部的各种力量之间的矛盾冲突。

在当今时代，国际竞争愈发激烈，知识经济初露峥嵘，科技进步迅速，人文教育需求日益旺盛，高校发展面对着极为复杂的社会环境及多样化的社会需求。鉴于高校在社会中的地位变得越来越重要，各种社会力量开始进入高校，所以应加强对高校的管理，使之成为自身利益的"代言人"。现代高校相较于传统高校，组织结构更为复杂，社会职能正经历着空前的变革。在这样的背景下，各国纷纷研究如何构建或完善现代高校制度，平衡各种社会力量，并充分发挥高校在未来社会中的作用。毫不夸张地说，如何有效管理组织结构日益复杂的现代高校、妥善处理千百年来积累的高校传统与剧变的社会环境之间的关系，已成为各国高校管理者共同面临的重大课题。

要解决如何培养高素质人才、开展高水平科研、提供高质量社会服务、展开高效率国际交流的问题，并促进这些方面的协同发展，仅依靠传统的高校管理是远远不够的，我们有必要实现高校管理思想的现代化转变。

二、现代教育思想的主要内容

要把握现代教育思想，首先须明确两个基本概念，即现代教育和教育思想。现代教育是以现代生产和现代生活方式为基础，以现代科学技术和现代文化为内容，以人的现代化为目的的教育。它根植于现代社会，指向未来的发展。教育思想是人们对教育的认识和看法，以及由此形成的观念和主张，是处于人们意识深层的心理结构。由此推论，现代教育思想就是处于现代社会中的人们对现代教育的认识、看法及由此形成的教育观念和教育主张。

具体地说，现代教育思想的主要内容表现在如下几个方面。

（一）终身教育思想

终身教育思想是 20 世纪 60 年代以后提出的"教育贯穿人的一生"的思想，

是对传统教育思想和教育体系的重要发展。随着社会的加速发展，新的知识和信息量以几何级数急剧增长，人们需要不断学习来提高个人修养中的知识含量，以适应不断变化的社会。因此，终身教育思想就是把过去一个人接受教育的时长由阶段性转变为一生，把过去对学历教育的片面强调转变为对能力的着重培养。

（二）全民教育思想

全民教育这一概念是针对教育对象提出来的，即教育对象的全民化，它包含两层意思：一是教育必须向所有公民开放；二是所有公民都有接受教育的权利且有义务接受一定程度的教育。全民教育思想强调教育权的公平和公正，是对普及教育和义务教育思想的进一步发展。

（三）民主教育思想

民主教育思想包括教育机会均等，师生关系的民主化，教育活动、教育方式、教育内容等方面的民主化。民主教育既重视知识的传授，也重视能力的培养，注重激发受教育者的主动参与意识、开发受教育者主动学习的潜能、开启受教育者的多向思维。

（四）个性教育思想

个性教育思想主张受教育者在全面发展的基础上，能够充分展示自己的天赋和才能，形成独特的人格及知识方面的优势。它强调的是共性基础上个体的个性内容和个性价值，是社会生活多元化和人的生存价值多元化的要求在教育上的反映。个性教育思想要求教育思想、教育目标、办学模式、教学形式、评价标准等朝多元化方向发展。

（五）素质教育思想

素质教育思想是一个全面的、系统的现代教育思想体系。它着眼于受教育者及社会长远发展的要求，以全面提升受教育者的思想道德、文化科学、身体心理和劳动技能的素质为根本宗旨，强调培养受教育者的创新精神和实践能力，借以推动全民族素质的提高，从而实现中华民族的伟大复兴。

三、高校现代化管理观的树立

（一）重视人文关怀

1. 以教师为本

将教师置于核心的价值观意味着要确立信任、尊重和关心教师的管理理念。与此不同，现代学校管理思想充分理解到高校教育管理是一种动态过程，是在特定时空和资源背景下的管理者与被管理者互动的过程。在这个过程中，管理者和被管理者相互依赖，共同构成管理的主体要素。尽管教师是被管理者，但他们同样是管理的主体，是学校教育工作的执行者和完成者，是高校教学质量和管理质量的决策者和保障者。因此，现代高校管理思想将教师管理视为管理的核心和关键。建立"以教师为核心"的价值观，本质上要认真了解和把握教师的思想观念、专业能力、技能结构、兴趣爱好及个性特点等，充分尊重教师的工作、人格等方面的合理需求，全面激发教师的参与意识和创造力，让每位教师都能充分发挥自己的才能和作用。

2. 以学生为本

以学生为中心的价值观强调关注和尊重学生。传统的教育管理观念往往将学生视为被动的边缘角色，将他们视为成年人并用成年人的标准对待。卢梭曾指出，人们很少理解童年。智者们努力去了解成年人应该掌握的知识，却很少关注孩子以自己的能力能够学到什么。人们总是将孩子视为成年人，而忘记他们还只是孩子。现代教育管理观念认为，学生与成人有不同的发展规律。

虽然学生是教育管理的对象，但促进每个学生的潜能和个性的充分发展也是教育管理的重要任务。学生不仅是被管理者，还是自我管理的主体和积极参与者。在如今信息技术高度发达的时代，学生获取信息的途径已从家庭和学校扩展到多元化媒体。他们对新事物敏感、充满好奇心，且接受度高，这使得他们在获取信息和解释生活变化方面具有优势。

因此，以学生为中心的价值观要求教育管理者充分认识和发掘学生的潜力，了解并适应学生的身心发展规律和个性需求，尊重和维护学生的权利和尊严，使学生成为全面发展、自主管理、积极参与的学习主体，而非无权、无能、被动的生命体。否则，我们只会收获未成熟的苦果，而这些苦果很快就会腐烂。

另外，除了高校教育教学任务，还有许多工作通常不由教师承担，而是由职工完成。因此，现代教育管理观念还应当确立以职工为中心的人本理念，以确保教学和科研工作的高效与高质量。

（二）确立战略规划与战略管理观

过去，人们认为管理包括控制、协调、决策和服务，虽然这些观念在高校管理活动中仍然具有意义，但当前的重点应是关注学校长远发展、拓展发展思路，并围绕学校发展进行管理。战略规划在学校管理中的作用日益凸显，这是因为学校需要应对不断变化的外部环境、实现持续健康发展的需求。在这种背景下，我们可以说管理即战略规划。例如，一些高校提出了"建设世界一流高校战略""国际化战略""科技成果产业化战略"等，这些都是基于学校长远发展制定的战略规划。当然，高校战略规划需要与战略管理有机结合。战略规划不仅包括制定规划，还涉及战略实施、战略控制、战略评估等管理环节。一个完整的发展战略规划应将战略制定、实施和管理有机结合起来，使战略规划具有实践性和可操作性，对高校发展能起到具体且长远的指导作用。

（三）确立校本管理观

校本管理观是在遵循通用管理规律的基础上，立足于学校实际、开发学校资源、解决学校问题、强化学校特色的管理理念。每所高校都具有独特的个性和特色，具有自己的适应性和发展空间。高校的发展依赖于特色建校、特色强校、特色取胜。学校间的竞争实际上是特色的竞争，能否在竞争中找到自己的位置、发挥自己的特色，关系到学校的生死存亡，其关键在于如何确定特色、发展特色和强化特色。从学校管理角度来看，这需要确立校本管理观念，将通用管理规律与学校特色及传统相结合，形成具有个性的学校管理理念，解决学校发展中的特殊问题。

第二节 高校管理的目标和原则

目标的明确度与学校管理工作的有效性是直接相关的，明确的目标是提高管理效能的前提，也是团结和鼓舞全体成员同心同德办好高校的动力。因此，目标管理是高校管理工作的核心，学校管理者的首要责任就是正确地确定目标，并科学地实施目标。

一、高校管理的目标

（一）目标管理的含义

现代科学管理理论将管理科学和行为科学有机地结合在一起，这在目标管理中得到了很好的体现。目标管理是一种解决和整合个人目标与组织目标之间问题的方法，通过将组织的目的和任务转化为目标，并积极创造条件，使个人目标与组织目标相互融合，管理者通过设定目标来对组织进行管理。

以高校为例，目标管理的任务首先是积极创造条件，并采取有效措施激发高校全体工作人员的事业心。这包括确保每个成员对高校工作的整体目标有明确的认识和深刻的理解，以及使他们认识到自己从事这一工作的价值和责任。这样，每个成员都能主动地将学校的整体目标转化为自己的奋斗目标，并共同为社会主义建设培养专业人才。

目标管理的三个阶段为组织的有效管理提供了一个清晰的框架，以下是对这三个阶段的进一步解释和操作建议。

第一阶段：制定目标。所有组织都需要设定一个明确的整体目标，各个部门根据整体目标设定自己的部门目标，每位成员也会根据所在部门的目标设定个人目标。这样一来，便构建了"目标树"（将整体目标视为"树干"，部门和个人目标视为"树枝"）。在制定目标时，要确立评价工作成果的标准，并明确工作方法、途径、步骤，以及评估任务完成与目标实现的进度和时间限制等。

第二阶段：过程管理。在目标确定后，关键步骤是让成员发挥自己的能力，主动实现个人目标，管理部门应运用一整套科学指导和控制方法来推动目标的实现。

第三阶段：成果评估。管理部门和成员共同分析和评价完成的成果，为下一阶段的目标管理奠定更好的基础。

实施目标管理时，管理者和管理部门首先要深刻理解其内涵，并争取全体成员积极参与；其次，要采用科学的管理方法，提升管理能力；最后，要为每位成员实现个人目标创造有利条件。

（二）教育目标与管理目标的内涵

1. 教育目标

学校作为教育机构，其核心任务是培养人才，因此在高等学校的办学过程中，首要问题就是探讨应该培养何种人才，即教育目标问题。

根据我国的《中华人民共和国高等教育法》第四条，高等教育必须遵循国家的教育方针，服务于社会主义现代化建设，将教育与生产劳动紧密结合，使受教育者在德、智、体各方面全面发展，成为社会主义事业的建设者和接班人。第五条明确指出，高等教育的使命是培育具有创新精神和实践能力的高级专门人才、推动科技文化发展、促进社会主义现代化建设。因此，高等学校学生的培养目标主要包括以下两个方面。

（1）具备爱国主义和国际主义精神，拥有共产主义道德品质，热爱中国共产党和社会主义，自觉地为社会主义事业和人民服务。

（2）掌握所学专业的基本理论、专业知识和实际技能，了解本专业领域内科学的新进展，培养分析和解决问题的能力，较为熟练地运用一种外国语阅读专业书籍和刊物。

2. 管理目标

在高校管理过程中，领导和管理人员通过执行一系列的管理功能，有效地实现人员管理、财务管理、物资管理、事务管理、时间管理和信息管理等学校管理工作的目标，从而全面地、完善地达成教育目标。高校的各个层面，从学校部门到基层组织，虽然分工不同，但目标一致，都有自己的具体目标。这些具体目标包括学校的总体目标和各单位、各级组织的细分目标，它们共同构成高校的目标管理体系。

正如以上所描述的，目标是用来表达对管理对象所期望达到的要求或成果。教育目标和管理目标在学校目标管理系统中紧密联系，它们相互依赖、相互影响。教育目标为制定管理目标提供了重要依据，而管理目标是实现教育目标的基础。

（三）目标的管理作用

实际上，目标思想反映了学校的办学指导思想。首先，学校领导负责引导教育思想，这一引导主要体现在制定学校管理目标及组织实施的过程中。管理目标在确定各种基本管理活动的内容、选择方法、组织结构和层次，以及人员选拔等方面都发挥着关键作用。具体而言，管理目标的主导作用主要表现在以下几个方面。

1. 指向作用

实际上，管理活动是为了实现预定目标而进行的一系列有目的的职能活动。目标作为管理职能的方向标，具有明确行动方向的指引作用。所有学校的管理和教育活动都沿着特定的目标方向展开，如果目标不明确或目标错误，学校工作可能会失去正确的方向，偏离预期的轨道，并可能导致管理失误。管理效能与目标方向、工作效率的关系是：

$$管理效能 = 目标方向 \times 工作效率$$

上式说明，如果目标方向是正数（正确），则工作效率与管理效能成正比。目标正确时，工作效率越高，则管理效能越好；与此相反，如果目标方向是负数（错误），则工作效率与管理效能成反比。偏离了正确目标时，工作效率越高，管理效能越差。因此，目标的重要性显而易见。所以，作为学校的管理者，他的首要任务应该是正确地提出和规定学校总体目标，并制定正确的具体工作目标。

2. 推动作用

管理活动融入了追求个人目标的过程中，目标管理的核心在于让管理者和被管理者都能实现自我调控。这种自我调控能够转变为强大的动力，驱使人们全力以赴地完成工作。

目标管理的推动作用主要体现在以下几个方面。

（1）对于学校组织成员而言，一个明确且具体的、实际且符合需求的目标具有鼓舞人心和激发斗志的作用。这样的目标能够激发人们的积极性，激励并推动他们为实现目标而努力工作。

（2）对于学校管理者本身，目标具有提高管理工作自觉性的强大驱动力。学校管理活动是一个多方面、多层次、多序列的工作过程。从基本结构关系来看，也包括政治思想、教学科研、总务后勤、群众团体等各个部门。这些部门之间既相互联系，又有所区别；从纵向层次关系来看，从学校到系、科、班组，既有上下级组织间的联系，又具有各自的相对独立性；从管理活动来看，学校管理活动既有管理过程的连续性，又有阶段性，既有学校内部管理的平衡性，又有与外部关系的适应性。因此，作为现代学校领导管理人员，为了有效地开展管理工作，他们不仅要明确自己的工作目标，还需要明确各个层次与部门之间的工作目标，以及学校内外各种因素及其相互作用的关系。学校管理系统的每个成员（包括管理者和被管理者）只有深入理解学校的整体目标，才能真正领会自身的管理职责及地位和作用，进而时刻将自己的行动与这一目标紧密联系，并自觉追求管理工作的最佳成果，这就是管理目标所具有的推动作用。

3. 标准作用

学校工作目标的制定是学校管理的基础，它为学校组织及其成员提供了明确的工作方向。通过目标，管理人员可以维护和协调学校组织中各个部门和成员之间的关系，使之形成统一的整体，推动大家为实现学校目标相互合作、相互监督，并开展各自的工作活动。最后，目标还是衡量工作成效和教育质量的重要标准。

工作目标的标准是评估工作成效的衡量尺度，学校工作目标的标准分为总体目标的标准和具体目标的标准。学校质量是全面质量的体现，而学生的质量是学校质量高低的核心指标。学校的预期目标和大学生（研究生）的预定人才培养规格构成了高校工作的具体目标标准。

在具体管理一所学校时，我们首先要关注如何实施目标管理。实行目标管理有助于提高学校的教育质量，培养出符合预定规格的人才，并有效地推动学校各个部门和成员之间的协同合作。通过目标管理，我们可以更好地实现学校的发展，并提高学生的综合素质。

（四）高校管理目标的内容

1. 管理目标的依据

管理过程的首要环节是目标制定，可以依据以下几个方面考虑。

（1）党的方针政策和上级指示

党和国家相关的方针、政策，特别是教育领域的方针和政策，以及上级领导对特定时期、特定工作的指示，构成了学校目标制定的主要依据。因此，在制定工作目标时，务必认真学习相关方针、政策，并深入理解上级指示的内涵。

（2）科学理论

理论依据实际上是指科学理论和正确的思想指导，例如，在拟定学校发展规划目标时，要遵循教育与政治、经济关系的科学理论；在制订学校教育教学工作计划目标时，要依据教育学、心理学等科学理论。

（3）目标预测

预测未来情况的目标总是面向未来的，掌握发展趋势后，目标才具有预见性。这要求制定目标者预测经济发展对人才需求的趋势，他们可以通过分析人口普查中青少年年龄分布特点等统计数据，研究经济发展、社会风气，改善与学生之间的关系，进而作出相应的目标决策，使目标建立在可靠的基础之上。

（4）学校主客观条件

目标既要面向未来，又要立足现实。制定目标需从学校主客观条件出发，这是唯物主义的目标观。体现组织方向的目标并非领导管理人员主观意愿的随意表现，只有切实可行、面向未来的目标，才能体现其指向、推动和标准的作用。因此，学校领导在制定目标时，要对学校的人力、物力、财力、学生来源、师资状况等进行详细的分析研究，关注有利条件与薄弱环节，发挥优势，弥补不足。

2. 管理目标的内容

高校管理目标的内容因校、因时而异，它们大体可分解为组织目标、人事目标、教育教学科研目标、总务目标、图书情报目标等。我们在这里就学校管理的总体目标、指导思想进行一般分析。

学校总体目标是指一所学校要办成什么样子的期望。

（1）明确社会主义的办学思想

我们办学是为社会培养有理想、有道德、有知识、身体好的人才，所以德、智、体全面发展的方针是我们办学思想的核心。年轻一代的精神面貌、文化素养、智力水平、健康状况和劳动能力等，是直接关系到社会前途、国家命运和民族兴衰的大问题。面向全体学生、实现全面发展、注重全面要求，是办学的基本指导思想，也是学校总体目标的准绳。

（2）形成整合一致的目标

学校管理者不仅要使自己的管理目标与党和国家的要求一致，还要善于对学校的工作目标与学校成员的个人目标进行整合，在实现学校工作目标的过程中，同时满足学校成员理想和才能的发展。目标整合一致，能使成员之间产生一种互相关心、支持、认同的心理力量，即平时所说的"心往一处想，劲往一处使"，从而营造积极的工作气氛，打造协调一致的组织集体。

倘若以高校组织的目标与上级领导的目标和学校下属部门的目标之间的整合关系来分析目标整合的达成度，可有如下几种不同情况。

① 高校组织的目标是根据上级领导的目标制定的，它的达成又与下属部门的齐心协力紧密相关。目标涉及大小和方向的概念，如果上级领导的目标、高校组织的目标、下属部门的目标完全整合一致，就可以最大限度地达成高校组织的成就，这是一种理想的状况。

② 由于主客观的因素，三者的目标往往略有偏离，但三者的目标方向只要基本一致，目标整合程度高，高校组织的目标就能达成较高的完成度。

③ 若由于主客观的因素，三者目标方向偏离，则目标整合程度低，高校组织的目标只能达成部分成就。

④ 若主客观特殊原因造成三者目标相悖，则高校组织的目标不仅无法完成，还会造成损失。

（3）建立精干、合理、有效的学校管理指挥系统

有了目标的整合一致，还要有一个精干、合理、有效的学校管理指挥系统，以指挥大家按各自的管理职能的特性制定自身的执行目标，有效地进行各项工作和活动。就管理活动的大体分工来讲，一所高等学校的党委、校（院）长属于高校领导层级，其职能活动主要偏重计划决策方面，如方针的确定、任务的提出、人员的安排等。他们的职责就像领航员或船长一样，在茫茫的大海之中，要把握前进的航向，作出判断，避开险礁，引导大家向航行的目的地前进。学校的部、处长和系主任属于中间管理层级人员，其工作任务变量稍小，管理范围较为明确具体。他们的工作像船长的助手一样，在各自负责的部门和系（科）里，及时进行计划、指导，并进行经常性的检查、

调节，组织人员同心协力到达彼岸。教研室（研究室）属于执行层级，教职员工属于基础管理层级，他们的工作任务变量更小，管理范围更为具体。他们虽然也有计划、组织、协调、检查等职能活动，但一般仅限于局部的范围，主要的执行目标是竭尽全力完成自己分担的工作任务。一个精干、合理、有效的管理指挥系统，在层次职责上要分明，使各层级的管理工作人员各谋其政、各司其职，各管理层都能带动所属成员为实现整合一致的目标而进行有效的工作。

（4）建设一支高水平的学校工作队伍

领导能力再强，水平再高，也不可能包办学校的所有工作，学校的工作要靠全体工作人员的聪明才智和积极努力去完成，所以队伍建设是学校总体目标的重要组成部分。高校工作队伍包括以教师为主体的教职员工，所以高校教师队伍的建设尤为重要，要把这支队伍建设好，领导要做到政治上一视同仁、工作上信任依靠、生活上关心照顾，并能正确处理任用和培养的关系。

二、高校管理的基本原则

为了有效地管理高校，领导必须遵循正确的管理原则。所谓原则，是指观察问题、处理问题的准绳。它是领导进行各种工作的基本指导原理和要求，是根据事物的内在关系和联系的规律性去解决问题的观点、方式和方法。

原则是规律的反映，当规律被人们所认识，并用来作为指导行动的准则时，它就成为原则。原则是人们根据实践中对客观规律的认识总结提炼出来、又用来指导实践的基本原理。它源于实践，又指导着实践，具有指导性、全面性、层次性、实践性的特征。

规律是客观存在的，不以人们的意志为转移。原则反映规律，即反映客观事物的内部联系。由于认识的局限性，目前人们对学校管理原则的提法还有一定的差异。

国内的提法如下。

华中师范大学教育学院《学校管理与领导》一书中提出："保证党的领导……贯彻教育方针，坚持教学为主、全面安排；执行群众路线；贯彻知识分子政策；坚持勤俭办学；关心群众生活，坚持劳逸结合。"

华东师范大学教育学院《学校管理学导论》一书中提出："思想领先，学校工作方向性原则；以学为主，学生工作整体性原则；依靠教师，学校全员积极性原则；勤俭办学，经济效果最优化原则；稳定秩序，学校工作计划性原则；提高工效，学校组织合理性原则；内外协调，学校工作社会性原则。"

北京教育行政学院学校管理教研室《学校管理》一书中提出："坚持党的领导，德、智、体全面发展；以学为主，民主管理；科学管理；勤俭办学；依靠教师办学。"

此外，还有的研究者从心理学角度提出集体目标与个人目标统一、参与和认同，具有心理推动、心理平衡等原则。

有的研究者还用系统工程理论分析方法提出整体化、最优化、有序性、反馈、开放与闭合、活力结构等原则。

国外的提法如下。

苏联 E·C·别列兹良克所著的《苏联学校管理》[1]中提出："共产主义思想性原则；党性原则；明确的目的性原则；计划性原则；预见性原则；专业化原则；求实性原则；一长制、集体负责制和个人责任制相结合的原则；检查工作实际完成情况的原则；学校同生活、同共产主义建设密切联系的原则；实行集体主义原则；发挥学校教师和全体工作人员主动性与积极性的原则；人道原则；最优化原则；实行精简节约的原则等。"

日本学者安藤尧雄所著的《学校管理》中提出："适合本校实际的原则；不断改善的原则；简便的原则；民主化的原则；目的性原则；灵活性原则。"

在不同国家、不同时代，有不同认识的客观存在是很自然的。这些各具特色的提法，对我们研究高校管理的原则都有一定的启发。

根据我国高等学校管理的实际情况，必须遵循的基本原则如下。

（一）方向性

管理是一种有目的的活动，必须要有方向性。我国高等学校是社会主义性质的，社会主义方向是高校管理的基本准则。高等教育必须培养社会主义建设所需要的各种专门人才，并取得高水平的科研成果，为实现我们党在新时期的总任务而奋斗。

---

[1] （苏）E·C·别列兹良克. 苏联学校管理 [M]. 梅汝莉，译. 北京：教育科学出版社，1981.

教育必须同生产劳动相结合，是马克思列宁主义的一个重要的教育理论。马克思认为，教育与生产劳动相结合，不仅是提高社会生产的方法，而且是创造全面发展的人的方法。

教育与生产劳动相结合，就目的来说旨在培养全面发展的人，这是指高等教育培养的人才既能从事体力劳动，又能从事脑力劳动；从教育内容来说，高等教育要反映科学技术发展的新成果，为进一步解放和发展社会主义的生产力服务；从教育方法来说，高等教育应该强调理论联系实际的教风与学风，坚持学生以学习科学知识为主，同时适当地组织学生参加一定的生产劳动；从学校管理来说，高等教育应该以教学为主，全面安排，不能以劳代教，或者以教废劳。

加强和改善党的领导是贯彻学校管理方向性原则的保证。党的领导主要指路线、方针、政策的领导，要做好思想政治工作，发挥各级党组织、党员和群众组织的作用，支持行政领导工作，充分调动大家的积极性，共同办好学校。

（二）整体性

按照现代管理学观点，国家是一个大系统，教育系统是隶属于国家的子系统，一所高等学校是隶属于教育系统的子系统，学校里的各部门、系科是隶属于学校系统的子系统。系统是有组织、有层次的，各组成部分都为了一个共同目标而形成有机的整体。

一所大学是一个统一的整体、完整的系统。校内部门、系科又形成许多子系统，如政工系统、教学系统、科研系统、后勤系统等。根据管理的整体性原则，学校各个层次的子系统的组织和成员都要明确学校总的目标，树立全局观点，以唯物辩证法为指导，正确处理局部与全局的关系、政治与业务的关系、全面发展与因材施教的关系、教学与科研的关系、领导与被领导的关系、师生关系、理论与实践的关系、传授知识与发展智力及培养能力的关系、学校与社会的关系等，上下一致、分工合作，达成高效率的系统管理。为此，一方面要全力抓住主要矛盾，另一方面注意协调和平衡各方面的矛盾关系。领导要能高瞻远瞩、运筹帷幄，全体工作人员要能"立足本职，胸怀全局"，高校管理做到纲举目张、井然有序。按照高校管理的整体性原则，根据高校的教育任务，在处理、协调各方面关系时，必须体现以教学为主，重点高校还要实现建设教学、科研"两个中心"的任务，这是学校工作的中心和重点。其余工作必须为教学和科研服务，做到既出人才，又出成果，这是办好高校、为社会主义建设服务、为两个文明建设服务的需要，也是全局和整体的需要。

（三）计划性

所谓计划，就是对未来工作的决策。计划是尺度、准则、灯塔、路标，所以计划具有指向作用、指导作用和指挥作用，可以防止盲目性、片面性、随意性。高校的一切工作，包括学校的组织、人员的安排、质量的标准等，都是以计划的形式进行全面部署的。计划管理是高等学校管理的中心环节，学校的一切工作都要在统一的计划指导下进行。

制订学校工作计划的意义在于为整个学校规定明确的任务，使全体师生员工看到学校工作"蓝图"的全貌、远景，以及要求、部署和方法，使大家沿着学校计划指出的方向，在计划的统一指挥和具体指导下前进，使学校每个成员都能明确自己的任务和各方面的相互关系，可以有预见性地正确安排自己的工作和学习，并提高自己的责任感和自觉性，从而使全校工作有节奏地运转，以取得成效。

学校工作计划是检查、总结和提高工作质量的依据。高等学校要做到合理安排全校的工作，使之有条不紊地开展，一个很重要的条件就是要切合实际、制订周密思考的计划。实践证明，没有计划，就谈不上管理。如果缺乏科学性、指导性、可行性的计划，就不可能使学校管理工作取得预期的成效。

高校管理工作的计划性，主要是指按照党的教育方针、政策和上级指示，根据教育、教学和管理的规律，结合校情，明确奋斗目标，提出具体任务，确定完成任务的具体措施，用计划的形式统一学校各个方面和各类人员的工作，以达到高效率、高质量地完成学校工作任务的目的。学校的总计划是全校师生员工的行动纲领，它统率各部门、各系科和各人的计划，使全校工作上下配合、浑然一体。

（四）教育性

学校是专门的教育机构。它的管理与其他系统不同，它不仅要通过管理完成一般的工作任务，而且要十分注意学校管理的教育性。学校管理的过程，也是对学生进行教育的过程。首先，管理的教育性要求领导干部和教职员工的思想言行必须具有示范性，学校领导和教职员工都应当有高尚的品德和崇高的精神境界，必须以身作则，作风正派，举止端庄，衣冠整洁，谈吐文明，成为学生的师表。其次，管理的教育性要求各项工作典范化，管理工作人员都应做到科学严谨、认真负责、一丝不苟，高标准、严要求、高质量、高效率地完成任务，这有助于形成良好的校风。再次，管理的教育性还要求学校环境设施规范化。整洁优美的校园有助于陶冶学生的高尚情操，培养革命的乐观主义精神和热爱生活的优良品质。高校一般规模大、建筑设施多，在学校建筑布局和校园环境设施方面，要注意经济、实用、美观，达到总体布局合理、各项设施规范的效果，使教学区、生活区、运动区、绿化区构成一个协调而统一的整体。美观、大方、宁静、整洁的校园，错落有致的校内建筑，能使学生精神开阔而舒展，进而受到良好的教育和熏陶。

（五）民主性

我们是社会主义国家，人民是国家的主人。师生员工参与高校管理是他们的根本权利，他们是管理的对象，也是管理的主体。学校的重大问题应通过师生员工会议（或代表会议）、座谈会和各个组织系统的活动进行讨论，充分发扬民主，广泛听取意见，做到集思广益。

根据管理心理学的"参与"和"认同"原则，让教职员工以多种方式参与学校管理和集体工作的发展改革，有助于巩固组织、推进工作、提高士气、改善心理氛围。当教职员工参与目标制定和问题决策时，他们可以将个人目标与集体目标整合；参与决策过程可增强教职员工的自主感和动机，减少矛盾，促进人际关系的和谐，进而产生向心力。让教职员工参与问题讨论和研究，有助于增强他们对决策的认同感，而认同感是实现行动统一的关键心理基础，能够激发责任感和使命感。相反，若不让员工参与决策，往往会引发他们冷漠和不合作的心态。民主集中制是我们社会主义的组织原则，根据民主集中制的原则，学校要在民主的基础上集中，在集中的指导下民主。实行民主管理就是正确处理好民主与集中的辩证关系，既要防止"一言堂""家长制"，又要防止资产阶级的极端民主化；把领导集中指挥与群众积极参与管理统一起来，既可防止"命令主义"、主观武断，又可防止"尾巴主义"、缺乏主见；把领导决策与群众讨论统一起来，既要依靠教职员工，又要领导教职员工，还要把向群众学习与教育群众统一起来。这就要求在党委统一领导下，高校领导建立一系列的民主管理制度，保证广大师生员工都能参与学校管理，把大家的智慧和才干集中起来，形成一股巨大的力量，去夺取工作的全面胜利。

教师是学校工作的核心力量，依赖教师开展办学是学校管理的关键原则。学校的培养目标、教学计划和教学大纲等都是在校党委的领导及各部门的协作配合下，通过教师的教学实践来实现的。在学校教育和教学全程中，教师扮演着关键角色。领导应全力支持教师办学，对于重要问题需与教师共商共议，并虚心请教他们。

在教学问题上，要尊重教师的观点，倡导教学民主和探索创新；要切实贯彻党的知识分子政策，在政治上平等对待，在工作上信任依赖，在生活上关心照顾；要充分发挥老年教师的指导作用、中年教师的核心作用、青年教师的突破作用。

（六）科学性

科学管理学校，就是要按照高校管理的客观规律办事。任何领域都有自身的规律，学校也不例外。五十多年来的高校管理，为我们积累了不少适合我国国情的管理经验，为科学管理高等学校奠定了一定的基础，但我们也必须看到，由于历史原因，有的学校领导想搞什么就搞什么，流行什么就搞什么，无视学校管理工作的客观规律，造成了不少工作上的失误。因此，借鉴现代科学管理理论成果、总结高校管理经验、研究与建立高校管理理论、实行科学管理，是非常必要的。

根据高校管理科学化的要求，必须首先解决以下问题。

1. 遵守教育的客观规律

教育、教学和学校管理的实践与科学研究揭示了许多规律，例如，教育必须适应特定社会政治和经济环境的规律；教育、教学和管理需符合学生身心发展年龄特点的规律；全面发展与因材施教相结合的规律；以教学为核心、全面布局学校工作的规律；思想政治教育中知识、情感、意志、行动活动过程的规律；教学过程中发挥教师主导作用并激发学生自觉积极性的规律，以及各类管理常规。根据大学生生活规律，必须抓好入学、升入高年级、毕业论文撰写这三个基本环节，每个学期又必须抓好开学、期中检查、期终总结这三个基本环节。明确认识和严格遵循这些客观规律，是办好、管好学校的重要前提。

2. 运用各种科学理论和方法

我国高校管理的传统方法有不少是符合马列主义思想和唯物辩证法的，收到了好的效果，如调查研究、有的放矢、深入重点、以点带面等。随着管理学的不断发展，现代管理理论和方法逐渐融入学校管理，推动学校管理科学迈向新的高度。我国的高校管理者利用系统论、控制论、信息论等原理和方法，结合我国高校的独特性，成功改进了高校管理。例如，构建封闭式管理系统，形成高效的管理流程；建立信息反馈系统，实时、准确地掌握情况，进行有效调整，消除工作漏洞；遵循"能级"原则，善于识别人才，让人才充分发挥潜能；依据弹性原则，确保高校计划管理具备适应性，以应对可能的客观变化，实现有效的动态管理；同时，根据管理心理学原则，如集体目标与个人目标的统一、参与与认同、心理平衡等，协调各方关系，营造和谐的人际氛围，充分激发各方积极性，以提升管理效果。

运用现代科学技术和现代化管理技术进行管理也已提到议事日程上来了，如网上办公，使用电子计算机编排课程表、分配教室、处理图书资料分类、进行书目检索和阅览统计，以及使用电脑系统处理评卷与成绩统计等。

3. 向管理干部提出了新的要求

管理干部应努力学习学校管理学、教育学、教育史、比较教育学、教育经济学、心理学、行为科学等领域的知识，掌握系统论、控制论、信息论、决策论等科学方法。如此，我们才能紧跟科学管理的发展步伐，适应现代管理科学的要求，将有效的传统管理经验与现代管理理论和技术相结合，从而提升科学管理水平。

（七）规范性

规范是指根据对规律的认识，在特定条件下建立的相对稳定的常规。学校工作规范化体现了学校的基本任务和特色，为管理学校提供了可靠依据。规范化有助于使各项工作走上正轨、明确要求、实现统一规格、保持井然有序。这样，教职员工和学生能够遵循规范、依据章程，培养良好的工作、学习和生活习惯。否则，学校管理工作就会陷入随意性。因此，学校管理工作必须贯彻规范性原则，做到章法齐全、赏罚严明、令行禁止。规范性原则要求学校各项工作规范化、学校工作建立合乎科学的统一的标准，这样就可以比较客观地衡量各部门的工作质量、教师的教学质量、学生的学习质量，可以有效地进行质量管理，并且还可以促进学校管理科学化水平的提高。

贯彻规范性原则，要求学校各方面工作都能达到规范。例如，学校全员的政治观点、思想品德要符合社会主义的道德规范；全员要衣冠整洁、举止端庄，符合社会主义的行为规范；全员要措辞恰当、谈吐文明，符合健康的语言规范；校园内各种张贴、板书版画要严谨准确、字迹工整，符合我国的文字规范；校舍设施应整洁优美、朴素大方，符合学校的环境规范等，从而使学生在良好的环境中受到规范化的教育和熏陶。

贯彻规范性原则，要求健全学校的各项规章制度，使机构有定员、部门有分工、干部有职责、事事有章程。规章制度具有管理功能，是搞好管理的一种手段。合理的高校规章制度，既可以保证学校管理有正常的、稳定的工作秩序，又可以促进各级成员自觉遵守规定。如果没有一定的规章制度来协调各方面的关系，就难免会出现"一处出轨、全面失调"的混乱局面。健全规章制度是学校规范化的一个重要途径。

（八）经济性

经济性原则是指在学校管理中合理而有效地安排使用人力、物力、财力、时间和信息，从而取得最经济、最有效的成果，这是管理本质特点的反映，也是管理工作的基本任务和归宿。高等学校的管理要注意教育的经济效益问题，主要体现在两个方面：一是勤俭办学，将有限的财力用在最需要的地方上；二是讲究质量，使培养的人才和研究的成果质量高、对社会主义建设贡献大。

1. 人力的经济

运用人力来培养人才是高校的一个特点，高等学校是专业人才比较集中的地方，一定要合理使用人力。具体要求包括三个方面：一是要知人善任，使事得其人，人得其所，用其所长，补其所短；二是正确处理用人与育人的关系，用人过程也就是育人的过程，称为"做中学"，用人是为了发挥人的更大作用，两者相辅相成，互相促进；三是善于调动人的积极性，充分发挥人的潜力，谋求高效率。所以，学校的领导者要努力探究用人的科学和艺术。

2. 财力的经济

民主理财是社会主义国家的特点，同样也是社会主义高等学校的特点。要区别轻重缓急，遵守财政制度，杜绝贪污浪费，搞好财务管理，做到开源节流，财尽其利。

3. 物力的经济

搞好物资管理，提高设备利用率，做到物尽其用是物力经济的基本要求。在物资管理方面要教育师生员工爱护公共财物，提倡自己动手、修旧利废、自制教具、绿化校园，弘扬勤劳俭朴的品德，发扬艰苦奋斗的作风。

4. 时间的经济

时间是学校管理的要素。有效的管理者懂得时间就是效率，科学地支配时间，就能取得管理的高效率。一个优秀的管理者的管理工作并不是从计划开始的，而是以掌握时间为起点，这是因为任何事情都需要时间，任何工作都在时间中进行。因此，优秀的管理者对时间非常珍惜，分秒必争。高校管理者首先要深刻认识时间的意义，并加强时间的计划管理，做到合理使用时间；在安排自己的工作时间和全校师生员工的工作、学习、生活时间时，都要精打细算，符合科学规律，做到有劳有逸、劳逸适当。

5. 信息的经济

信息在学校是一个重要的管理要素，它是培养人才的"粮食"。学校首先要加强对教材、教学参考资料的管理，以满足师生教学第一线的需要。高校图书馆是资料中心，是学生的第二课堂。它的特点是面向各个专业的师生员工，书目多、专业广、流量大、要求急、服务繁，因此需要提高科学管理的水平、加强流通，充分发挥现有图书、资料、情报的作用。

为了叙述方便，以上八个原则将在本书中逐一分析，但在学校管理工作中，这些原则的贯彻执行是紧密联系、不可分割的，它们共同组成了一个指导高校管理工作的原则体系。我们掌握了这些原则，将其用于指导管理实践，就能提高我们的科学管理水平和管理工作效率，并能在管理实践过程中进一步探索管理规律。随着我们对管理规律认识的不断深化和管理经验的不断积累，学校管理原则将会不断得到充实和发展。

第三节　高校管理评价内涵

一、管理评价的相关概念

（一）教育评价与管理评价

高等教育评价包括高教系统内部的评价与社会对高等学校的评价两方面。高等学校行政管理评价是高等学校科学管理、导向的一种手段，学校在计划、决策、管理到检查的每一环节都存在着评价的必要性，评价作为科学管理制度的组成部分对改变传统的经验管理有着特殊的贡献。首先，评价的目标与高校办学任务和目标本身是一致的，因此，进行评价有助于推进高等学校的目标管理；其次，评价十分重视系统内部和外部全面完整的信息，这恰恰是实行科学管理必须具备的基本条件之一；最后，评价注重系统内部的全面的全过程的分析与研究，学校在这种全面调查研究的基础上，很可能触发改革与发展的要求，从而保证高等学校走上良性循环的发展道路。

（二）管理测量与管理评价

高等教育行政管理测量是按照一定的法则给高等教育行政管理现象及其属性指派一定的数字或符号，测量作为一个量化过程，并非自然而然地保证量化本身具有科学性，它取决于测量者对测量对象认识和把握的程度。

管理评价与管理测量不同。管理评价是根据一定的标准，在所收集的充足信息的基础上，对管理现象及其属性进行价值判断。

测量与评价作为两个不同层次的认识阶段，其转换过程相当复杂。优秀的测量是确保评价质量的关键条件，但即使具备良好的测量，也不能确保评价的精确性。这是因为在进行评价时，评价者的价值观、指导思想、所依据的标准及分析研究能力等都发挥着重要作用。

（三）多元评价

多元评价基于多元智能理论，强调人的发展为核心价值，关注多元智能及创新素质的培养，确保教育回归生命本质。其显著特点是将人的创新素质作为评价核心，坚持多元化的评价主体、目标、标准和方法，特别重视动态生成因素评价、情境评价、个体差异评价和质性评价，这种评价方式是一种具有时代特征的创新性评价。

二、高校管理多元评价的特征

（一）要以人的发展为本

评价价值观更注重以人的发展为核心，尤其是人的多元智能和创新素质的培养。创新教育主张教育回归人的生命本质，将教育目标、过程和结果、教师与学生的生命成长相联系。人的多元智能和创新素质是人类生命发展的独特特点，整个人类历史是一个源源不断的创新和发展过程，缺乏创新意味着时代停滞和人类未来的消失，创新是人生命本质的体现。因此，创新教育强调教育在人的生命发展中的作用，本质上关注教育对人的创新素质培养的重要性。

基于这一价值观，多元评价着重激发个体的内在兴趣、动力、情感、意志和态度，挖掘智力潜能，并培养创新精神与能力。评价过程中，它尊重评价对象的人格，发挥其主体作用。在评价内容方面，它更关注人的生命形态中的人格塑造和智慧生成。

（二）面向评价对象的未来发展

在评价方向上，多元评价主张关注评价对象的未来成长，以努力促进其发展。奖惩性评价关注评价对象过去和现实的表现，以区分和分级为目的；形成性评价关注工作和学习的改进和完善，重点收集有助于改进和完善工作、学习的信息和证据，但很少关注评价对象的发展和完善；多元评价强调评价对象的未来发展，包括评价目标、模式、技术、策略，以及评价结果的解释和应用，这些都有助于个性和创新素质的培养。多元评价通过促进评价对象的发展和完善，实现工作和学习的改进和完善。

（三）评价主体多元化

在评价主体方面，多元评价主张让更多人参与评价过程，尤其强调让评价对象自己成为评价的一部分,这意味着它重视评价对象的自我反思、自我反馈、自我调整和自我完善。例如,在对教师的评价中,评价主体不仅包括学校管理人员、同事教师、家长、社会成员代表和学生等,还包括作为评价对象的教师本人,他们是评价过程中最重要的参与者。该评价方法不仅关注他人的评价,更强调教师自我反思式评价。

(四)重视评价的过程

在评价内容方面,多元评价更加关注评价过程中的结论形成,人的个性和创新能力及生命发展的各种要素都是在工作和学习过程中逐渐展现和体现出来的。如果忽视了过程性评价,就很难实现评价对于推动和保障评价对象的生命发展的作用。因此,多元评价更专注于教育过程,重视在教育过程中体现出来的有助于促进评价对象未来发展的信息和证据。

(五)科学评价和人文评价相统一

在评价性质方面,多元评价强调科学评价与人文评价的结合。科学评价要求使用科学标准进行客观评估,而人文评价将事实判断与价值判断相结合,这意味着评价不仅依赖于客观事实,还允许评价者或被评价者的主观因素(如师德修养、价值观等)参与其中。更多地关注人文评价有助于激发评价对象的主动性和创造力,然而这并不意味着评价者或被评价者的主观因素可以任意发挥。在以客观事实为基础的前提下,师德修养、价值观等主观因素通常并非人们所想象的那般任意,而是反映了主体的理性水平和客观精神。

(六)关注施教过程中的动态生成因素

在处理静态因素与动态因素的关系时,多元评价更加注重教学过程中的动态生成因素。教学创新和学生创新精神的提升与动态生成因素紧密相连,要关心创新精神的培养就必须重视动态生成因素的评估。例如,在课堂教学评价中,教案设计包括预先确定的教学目标、教学步骤、结构、活动流程和方法等,这些都是按计划进行的,属于静态因素。然而,课堂教学面对的是充满情感和个性的学生,是情感、经验融合、合作和碰撞的过程。

在这个过程中，学生的智慧不仅随机生成，他们的认知和能力也在进行动态变化，而且情感的交流和产生具有更强的偶然性和动态性，正是这些动态生成因素对课堂教学效果的影响更为显著。例如，针对教师提出的问题，学生的回答常常远超教师的预期，有时甚至比教师的想法更全面、更丰富和更深入。这就要求教师及时掌握并运用这些动态生成因素，对学生进行引导和评价。如果引导和评价得当、科学，就能激发学生的创新精神和创新能力。

三、高校管理评价的基本原则

创新教育的价值观和评估理念决定了其实施原则，包括面向未来和发展、关注个性和创新素质、让评价对象参与评价过程、将质性评价与量化评价相结合、同时关注过程和结果，以及坚持情境性评价，并促进多样化评价方法。

（一）面向未来、面向发展

多元评价不仅关注评价对象的排名，更注重他们的进步、改进和发展，其重点不在过去和现在的表现，而在未来的成就。收集评价对象过去和现实表现的信息和证据，旨在帮助他们了解自己、完善自我，而非削弱自信或让他们感到尴尬和羞愧。因此，在确定评价目标、标准、模式及技术和策略时，应充分尊重评价对象的生命价值和个人需求，将个体发展需求与学校和社会需求紧密结合，使个人发展目标符合学校和社会的需要。

例如，过去建立在科学量化基础上的教师评价，把教师的德、勤、绩、能分别赋值量化，通过评价把教师的表现转化为一个分数，然后用分数来说明优劣，并按此对其奖惩，这是面向过去、面向惩戒的评价，只能引导教师关注分数，从关注分数到关注过去的行为，不利于教师自身素质的提高。而在多元评价中普遍推行了教师面谈评价，以评价者和被评价者相互协商，创设民主、宽松、和谐的面谈氛围为基础，通过共同商定面谈提纲、教师自我反思、评价者围绕评价面谈提纲广泛收集信息、评价者与被评价者面谈、面谈后落实面谈建议、复查面谈等步骤和措施，帮助、促进、激励教师主动发展。这是引导教师面向未来，不断超越自我、发展自我、实现自我、成就自我的评价。

（二）重点放在个性和创新素质

个性是创新的基石，缺乏个性则无法创新。因此，多元评价关注个性的展现和发展，以及潜能的挖掘和运用。创新素质包括有利于创新的各种品质，如创新意识、精神、心理、道德、思维品质、观察力、思考力、想象力等，这些都应成为评价目标和内容的核心部分。此外，创新教育强调评价学生的个性和创新能力，尊重他们在评价中的个性化表现。从促进评价对象多样化发展的角度出发，评价目标不应一刀切，应允许制定个性化评价目标；评价标准不应绝对统一、千篇一律，应允许多样化和差异化；评价内容、形式、方法等应注重开放性、选择性，为评价对象创造宽松民主的环境，搭建能让他们充分展示个性和才能的舞台，提供能让他们充分发挥特长的条件。当然，强调重点并不意味着忽略全面性。创新教育旨在深化和全面推进素质教育，因此多元评价在突出重点的同时，还应对评价对象进行综合评价。例如，对学生的评价，在关注个性和创新能力的同时，要对他们全面综合评价，包括知识、能力、过程、方法、情感、态度和价值观等方面。

以对学生的评价为例，学生评价可分为学科评价、课堂评价和综合素质评价。学科考试评价中应积极贯彻创新性原则，用探究性、开放性和新颖性的题目考查学生的创新性思维品质，在评分中鼓励学生有创新的思维。课堂教学过程中，教师应创设民主、宽松、和谐的教学氛围，鼓励学生"不唯书、不唯上、不唯师"，大胆质疑，大胆提出不同见解。比如，有一位小学低年级教师用多种适合小学生年龄特征的方式鼓励学生创新求异，从鼓励提问开始，谁提出一个问题就盖一个红色印记，下课时比比谁的红印多；后来提高了评价标准，不仅要求学生提出问题，还要求学生提出有意义的问题，以此鼓励学生提高质疑水平；再后来鼓励学生提出不同见解，如此循环往复，使这个班的学生思维异常活跃。

在综合素质评价中，创新教育实验学校认为学生的自主意识、冒险精神、批判的视角、负责态度和创新思维是创新能力内涵的五个重要方面，因而把它们列入评价指标体系，并用举例的方法使学生认识和理解，通过定期的学生自评、学生互评和教师的评价，使学生强化意识、明确方向、躬身践行，在评价过程中不断提高、不断超越自己。

（三）强调评价对象主体性

评价对象主体化的含义有两方面：一方面是让评价对象成为评价主体，使他们由被动应对转变为主动参与；另一方面是通过个性化、差异化的评价指标和富有情感的评价操作，增强评价对象对评价的认同感，从而提高他们参与评价的主动性和积极性。

传统评价让评价对象处于被动应对的状态，导致他们消极等待、被动应付，甚至采取欺骗手段，使评价失去了积极意义。多元评价针对这些问题，以促进评价对象发展为核心，强调发挥评价对象的主体作用，主张让评价对象从被动转为主动，使他们成为评价主体，与评价者平等地合作互助，让评价对象参与整个评价过程，包括制订评价计划。此外，加强评价对象对评价过程和结果的认同感也是发挥其主体作用的关键。评价标准的多元化强调评价对象的个性和差异；评价方法的多元化注重实际效果，关注有利于评价对象发展的多种评价手段。这些都能有效提高评价对象对评价过程的认同感，从而加强他们对评价的主体认识。例如，不少创新教育实验学校开展的学生自主评价改革，在帮助学生了解自己、认识自己的基础上，引导学生自定一学期或一阶段的奋斗目标。这些目标有的指向学生的智能强项，有的指向学生的弱项，总之是从学生自身实际出发的扬长补短目标。实现自定目标还要有自定措施作保障，在自我实现的过程中，要组织学生分阶段地对照目标反思，同时争取其他同学的帮助。学期结束或某一阶段结束后在自评的基础上，通过学生互评、教师评价，对目标的实现情况作出结论，并进一步制定未来发展目标。

（四）重视质性评价

量化评价曾被视为客观、科学和严谨的代表，但实践中人们逐渐发现了它的不足，尤其是在教育领域的局限性。教育关注的是具有复杂情感的人，人的感性和复杂心理现象虽然可以通过外在行为表现出来，但往往不全面，甚至不真实。因此，量化评价可能导致简化复杂现象、只关注表面现象，无法真正保证客观性，并可能忽略教育中最本质的内容。这导致充满生机的课堂经过抽象变成了机械的规定，学生的个性、情感、态度、价值观、兴趣、意志、精神和习惯都被简化为一组僵化的数字。

为解决量化评价在教育领域的弊端，人们开始关注质性评价（如解释性评价、定性评价）。作为一种新的评价范式，质性评价并不是完全摒弃量化评价，而是对其进行改革。在增强量化评价的客观性、真实性和本质性的同时，质性评价成为主导，将量化评价纳入其体系。实际上，质性评价旨在更真实地反映教育现象的本质，它需要将量化评价融入其中，也就是说，质性评价应内含量化评价。

以课堂评价为例，在过去相当长的一个阶段里，它所用的越来越精细的指标量化方法虽然看起来很客观、很公正，但评价对象对结果的认同感很差，评价的量化得分情况有时与评价对象的实际状况不符。其原因一方面是指标标准体系不够科学合理，一方面在于操作过程拘泥于指标，过于机械刻板。针对这种情况，创新教育评价课题组制订了新的评课标准体系和操作方法，评课以定性为主、以促进教师发展为主，不再拘泥于分等量化。具体做法是按新的课程理念，将评课指标体系具体化为教师的若干行为表现和学生的若干行为表现，评课依据教师和学生的行为表现收集信息，再通过对这些信息的分析整理和抽象概括，对课堂的质量和效益、优势与不足、改进目标和发展趋势进行科学的评判和指导。当然，在需要量化分等的情况下，还需要按指标体系和评分标准进行量化，不过要在对课堂进行整体定性评估的基础上进行量化，并且在量化时要充分考虑教师和学生的实际表现，得出分值或等级后再定性地进行分析比较，看是否与定性评价的结果大致相符，最后再确认量化的结果。

（五）强调评价过程

传统评估方法主要依赖单一考试或测试来衡量学生、教师及学校的表现，这凸显出对评价结果的过分关注，而忽略了评价过程的重要性。此外，在试题的编制过程中，对选择题、判断题、简答题和填空题的过分重视，也反映了对评价过程的忽视。

尽管评价结果非常关键，但它仅能展示教育发展的部分信息，并不是全部内容，教育进展中更多的信息是在整个过程中呈现的。例如，学生的兴趣、意愿、观念、决心、社会责任、责任心、探求精神及创新才能等方面，仅靠考试分数无法完全呈现；学生的思考素质、逻辑推理、思维方式、设想形式、知识和经验的融合、获取和整理信息的能力，以及识别和解决问题的才能，都难以通过简答题、填空题、选择题和判断题来全面评估。因此,多元评价在关注评价结果的同时,更强调对有益于评价主体发展的过程要素的评估。例如,在评估学生时,除了关注他们的学术成绩,还需关心他们的日常表现,这涵盖课堂教学参与、作业完成状况、品行、公民观念、学习能力、沟通及团队协作能力等方面。

第二章
高校教学质量管理评价体系建设

随着我国教育教学改革的不断深入，我国各高校也越来越重视通过建立高校教育教学质量保障体系来规范本校的教育教学活动，进而为社会发展培养合格与优秀的人才。本章的主要内容包括高校教学管理的理论与体系、高校教学质量评估现状与评价系统的构建。

第一节　高校教学管理的理论与体系

一、高校教学管理相关理论概述

（一）教学管理的相关概念和内涵

1. 教学

教学可以分为两种不同的类别：广义教学和狭义教学。广义教学是一种特定的教育活动，涉及教育者指导学习者以特定文化为目标进行学习。在这个过程中，学习者和教育者各扮演不同的角色。而狭义教学，即学校教学，专指学校环境中，教师引导学生共同进行以特定文化为目标的教学活动，实现教与学的融合。狭义教学主要涉及不同层次、类型和形式的学校教学，教师在教学过程中充当组织者和指导者。新时代的教学观念强调教与学的整合，教学过程中，教与学相互融合，教师通过引导和组织来实现教学目标。

由上述内容可以看出，教学即在教育目的的规范下，由教师的教与学生的学共同组成的一种教育活动。

2. 教学管理

教学管理可以从两个层面来理解：宏观层面和微观层面。宏观层面的教学管理涉及教育行政部门对各级别、各种类型的学校及其他教育机构的组织、管理和指导，而微观层面的教学管理主要关注学校内部的教学管理。本书所讨论的教学管理主要是指学校内部的教学管理。

学校教育伴随着学校教学管理出现，然而，至今人们对教学管理的理解尚无完全一致之处，不同国家的学者对教学管理的描述也各有差异。从现代教学管理实践来看，教学管理通常由教学内容管理、教学组织管理和教学过程管理三个基本部分组成。教学内容管理主要涉及课程体系、教材制度及课程设置与安排；教学组织管理主要包括教学管理组织系统的构建、教学人员管理和教学组织形式的选择；教学过程管理通常包括教学目标的设定、教学环境的管理、教学方法与手段的倡导或推广，以及教学效果法的评估等。

本书关注的教学管理是指学校管理者根据教育政策、教学计划和教学大纲等要求，运用现代科学管理理论、方法和原则，通过计划、组织、检查和总结等管理环节，对教学各方面、各要素和各环节进行合理组合，合理配置学校内部各类教学资源，推动学校教学工作正常高效运转，以实现教学目标的活动。

3. 教学管理的内涵

课堂教学作为一种有组织的教学形式，体现了教师与学生之间特殊的互动与交流。课堂教学管理则关注对这一特殊互动的组织、协调、保障与促进等多方面的活动。一般意义上讲，课堂教学管理是指教师为了保证课堂教学的秩序和效益，协调课堂中人与事、时间和空间等各种因素及其关系的过程[①]。简言之，就是保障和促进课堂教学有效实施的一切活动。

关于课堂教学管理，研究将其分为三个层面：宏观层面、中观层面和微观层面。宏观层面的课堂教学管理主要涉及国家教学管理部门对课堂教学的宏观掌控、规范与引导。例如，制定课堂教学管理制度，规定教师课堂用语、禁语与奖惩权限，设定教师的知识、能力和品行要求，审定教师职业资格，为教师发展提供政策支持，制定课堂教学目标与质量要求，并在社会环境中推广尊师、重教和爱生的风尚等。

中观层面的课堂教学管理涉及学校教学管理部门和地方教育行政部门，它们根据本地和学校实际情况制定并执行管理方案。例如，确定本地区和学校的

---

① 施良方，崔允漷.教学理论：课堂教学的原理、策略和研究 [M]. 上海：华东师范大学出版社，1999.

教学进度和目标，制定教学规则，形成统一的课堂纪律模式，评估和监控课堂教学质量。管理主体主要包括学校和地方教学管理部门，它们如教研室、教务处等，对教师课堂教学进行协调和组织，并提供建设性意见。

微观层面的课堂教学管理指的是在具体教学课程中，针对师生共同面对的课堂环境、课堂气氛、具体问题和教学目标等方面的协调与组织。教师和学生作为课堂教学的管理主体直接参与，并通过师生互动合作实现具有情景性的管理。这个层面主要关注课堂环境的构建、课堂气氛的营造、课堂问题的解决及课堂教学目标的实现与检验。

从课堂教学管理概念中，我们不难看出，其中蕴含着三个方面的因素：一是课堂教学管理目标。课堂教学管理的主要目标是确保课堂教学的顺利进行，推动学生在知识、技能和人格方面的全面发展。其终极目标是实现教育或教学目标，而直接目标则是维护课堂秩序和促进课堂教学效果。二是影响课堂教学秩序的因素。课堂中，教师往往把影响教学秩序的责任归咎于学生，而很少寻找自身的原因。事实上，影响教学秩序的因素应包括教师因素、学生因素和环境因素。调控好了这些因素及其关系，教学活动的顺利开展、教学质量的提高、教学目标的达成就有了根本性的保障。三是课堂教学管理的理念不仅仅是教师对学生行为的控制，而应当是对学生行为的一种促进，是对学生行为的激励和鼓励，最终使学生能由他律转向自律，从而帮助学生成长。

总之，课堂教学管理涉及教师和学生共同参与、相互交流，管理者应做到目标明确、计划周密且多方面协调课堂内外各种要素，从而创造性地达成教学目标。在课堂教学管理中，教师和学生需共同努力，整合和调动教学资源，挖掘和利用课堂各种教学要素，创造有利于教学的课堂环境，营造和谐的课堂氛围，以便顺利进行课堂教学活动，并全面实现课堂教学的价值。

（二）高校教学管理的特点

1. 规范化

（1）进一步完善教学管理体系

高等教育机构的教学管理体系在校党委和主管校长的领导下运行，以教务处为核心，以二级学院或系部作为具体执行主体，通过统一规划，有序开展各项教育教学活动，形成一个有机统一的系统。教学管理体系的优化对于教学工作的顺利进行至关重要。当前高校教学管理中，教学决策权过分集中在学校层面，导致院系层面缺乏必要的灵活性和活力，这进一步导致校、院两级管理责任和权力不匹配、责任分工不明确。因此，应加强和完善教学管理体系，建立一个职责清晰、权力明确的组织结构，以确保并提高教学管理效果。同时，在加强和优化管理体系时，要真正贯彻以学生为中心、以教学服务为核心的指导思想，赋予教学管理适度的弹性，让二级院系部门拥有相应的权力，使其成为教学管理的核心，构建以支持教学和服务教学为特点的新型教学管理体系。

（2）运行有效的质量监控和评价体系

建立合理的教学督导机制和科学的评价体系对于提高高校教学质量至关重要。

首先，建立合理的教学督导机制时要注意，教学督导应该具备专业能力和教育经验，便于对教学过程进行有效监督和指导。督导组可定期开展教学观摩、教学座谈等活动，以促进教师之间的交流和学习。同时，督导组可以为教师提供培训和专业发展支持，帮助他们提高教学水平。

其次，制定科学合理的评价方式和评价体系时要注意，评价体系应多元化，要充分考虑教学过程、教学成果、学生发展等多个方面。评价方式应包括定性和定量评价，以全面反映教师的教学质量。同时，应鼓励学生参与评价过程，以收集更加全面的教学反馈。

最后，要公开、公平、公正地对教学水平进行评价，保证评价结果的透明度，让教师和学生了解评价结果和相应的改进措施。同时，确保评价过程中的公平公正，避免任何形式的偏见和歧视，以充分激发教师的积极性和创新精神。

通过以上措施，可以有效提高教学质量、促进师生的共同发展，从而进一步提升高校的教育水平。

2. 科学化

（1）采用先进现代的管理方法——目标管理

目标管理在高校教学管理中具有重要价值，通过制定合理的教学目标、进行自我管理及科学评估，可以提高教学质量和效果。以下是应用目标管理的三个阶段的具体实施方法。

第一，制定合理的教学目标并量化。高校应与各部门、教师和学生进行广泛沟通，共同讨论以明确教学目标。制定的目标应具有可实现性、可测量性和时限性，使各方能清晰了解期望达成的成果。在量化教学目标时，要关注教师和学生的需求，保证目标的制定既具有挑战性，又能激发积极性。

第二，将量化后的教学目标交给执行者自我管理。让教师和学生明确自己的职责范围和目标，以便更好地规划和实施教学活动。建立有效的沟通渠道，以便教师和学生随时提出建议和反馈，促进教学目标的实现。鼓励教师和学生主动参与目标实施过程、发挥创新精神和个人特长，以提高教学质量。

第三，根据教学目标进行科学、客观、公正的评估。设定多元化的评价指标，结合教学过程、教学成果、学生发展等多个方面，全面评估教学目标实现情况。评估过程要保持公开、公平、公正，避免任何形式的偏见和歧视。根据评估结果，找出目标制定和实施过程中的不足和问题，对管理工作进行持续改进。

（2）充分利用计算机等信息化技术手段，对教学过程和教学成果进行综合分析和评价

随着现代高等教育机构规模的不断扩大，教学管理过程中需要处理和分析的数据量也在持续增加。显然，只依靠人工处理这些数据并不适合应对当前高校教学管理的需求。因此，利用现代管理工具和分析软件对教学管理中产生的海量信息进行科学分析和处理变得至关重要，这将为未来作出正确决策提供可靠的数据支撑。

3. 精细化

（1）首先要坚持"以人为本"

总的来说，高校教育的本质是人才培养。这与企业流水线生产有很大的不同，因为高校教育的"产出"是一批具有独特思维和个性的人。正因如此，高校教学管理必须坚持"以人为本"的原则，即以服务师生为核心。高校管理具有特殊性，如相对宽松的管理和较高的自由度等。因此，在进行教学管理时，需要在遵循原则的同时，充分考虑实际情况。例如，在制定课程表、安排考试和反馈评教时，应充分考虑教师的年龄、性别和具体情况，协调安排，在完成管理任务的同时，关注教师的实际需求，以营造和谐的管理氛围。这种关注细节和关心对象感受的管理方式，正是"以人为本"的精细化管理体现。

（2）精细化管理不是其他管理方式的简单抄袭

精细化管理旨在通过明确的规章制度约束教学实施者的行为，并加强管理责任的落实。然而，过分追求细节和严格执行规定可能导致效果适得其反，甚

至完全背离管理初衷。因此，高校的精细化管理应避免繁琐，防止过分关注微小细节，避免将简单问题复杂化。

高校作为多学科融合的场所，内部存在很大的差异性。例如，教师的科研工作在不同学科之间有很大的区别，如文理科、实验与实践、社会调查和实验室研究等。实施过于刚性的管理制度，忽视不同学科间的巨大差异、用同样的标准衡量教师的工作表现，并不是科学的方法。

因此，精细化管理并不等同于简单的数量管理，而是要充分考虑具体情况，使责任具体化和明确化，从而提高管理的有效性。

（三）高校教学管理的任务和意义

1. 高校教学管理的任务

任何管理都有自己特定的任务，高校教学管理的主要任务如下所述。

（1）确保教学的正确方向

全面贯彻党和国家的教育方针、全面提高教育质量，是学校的中心任务。教学管理要积极组织教职员工认真学习、理解并掌握党和国家的教育方针和有关部门制定的教育政策、法律，要坚持以此中心；要按学校教学计划所规定的学科进行教学，向学生传授文化科学的基础知识和基本技能，发展学生的个性和体力，培养学生良好的思想品德，为他们奠定科学世界观的基础，使全体学生得到发展和提高，确保教学的正确方向。

（2）确保教学活动顺利进行

高校教学管理要完善各项教学规章制度，杜绝外部对学校教学秩序的非法干预，维护良好的教学环境；要深化教学管理改革，构建科学的教学体系，引导并协助教师建立正确的教育观念、学生观念和质量观念，建立科学的教学质量评价制度，形成学校教学工作良性循环的激励机制；要不断更新和补充教学设备，确保满足教学需求。

（3）强化教学科研工作

高校教学管理要提升教学效果，加强教学研究和教改实验的投入，引导教师进行科研活动，激励并支持他们更新教学内容、改进教学方法、采用新的教学技术和手段；要开展教师培训，提高教师的专业能力，总结和推广优秀的教育研究成果，推动教学工作的科学化和现代化，持续提升教学效果和教学质量。

2. 高校教学管理的意义

教学是教师教与学生学构成的有计划、有组织的过程，是学校的核心任务和培养学生的主要途径。教学管理一直是学校管理的关键内容，也是学校领导者的基本职责。教学管理不仅是学校教学工作正常运行的基石和保障，而且在教师发展、教育改革等多个方面都发挥着至关重要的作用。对于高等院校来说，教学管理的意义更为深远，具体表现在以下几个方面。

（1）确保学校教学正常运行

现代学校的教学活动建立在一系列教学管理措施的基础之上。教学场地安排、教学设备提供、教学人员组织、学生班级编制和课程表编排都是教学工作开展的必要条件，也是教学管理的重要内容。缺乏教学管理的基础，可能会影响教学秩序的正常运行，导致教学工作受到损害。

（2）推动其他工作的展开

教学工作在学校各项任务中居于核心地位。有效的教学工作组织和协调不仅有助于建立稳定、有序的教学环境，还能推动其他工作的开展。如果学校工作重心不断转移，教学管理缺乏连续性和稳定性，可能使学校陷入混乱无序的状态，使教学质量受到影响，其他工作也难以顺利进行。

（3）促进教师不断成长和提高

教师专业素质和教学能力的发展依赖于教学工作中的实践和提升。在学校中，教师的主要职责是教学。科学、合理的教学管理可以确保教师在教学活动中获得有效的锻炼，从而加快其专业素质和教学能力的发展。

（4）直接影响学生的素质和培养目标的实现

正是因为教学管理工作不仅是一种组织性、协调性的工作，也是一项具有思想领导、在教学领域进行改革和创新性的工作，对学校工作有如上所述的重要意义，所以学校领导一定要重视对教学工作的管理，把它作为学校管理工作的重心，要与时俱进，不断加强和完善教学管理工作。

二、高校教学管理的体系

（一）高校教学计划管理

教学计划在高等教育中是至关重要的，因为它是培养专业人才和组织教学的关键依据，代表着人才培养目标和基本要求的总体规划和实施策略，同时也是学校组织和管理教学过程的重要参考。教学计划还为教育和教学质量的监督和评估提供了基本依据。

教学计划管理是为了实现既定教学目标而进行的一系列活动。这些活动包括根据国家规定的学科要求，确定学校的工作节奏，设置和安排课程，指导、把控、总结和评估教学实践及其成果，以确保培养出符合规格和标准的人才。教学计划管理是高校教学管理的首要环节，也是提高教学管理效率的基石。它确保教学管理工作的目标、过程和结果与学校管理的总体目标保持一致，并协调教学管理体系内各层次的目标、任务和行为。

1. 要素与结构

高校的教学计划是按专业制订的。一个完整的教学计划一般包括专业培养目标、课程设置、教育教学环节、学时安排及学分数分配五个基本要素。这些要素相互联系形成如图 2-1-1 所示的结构。

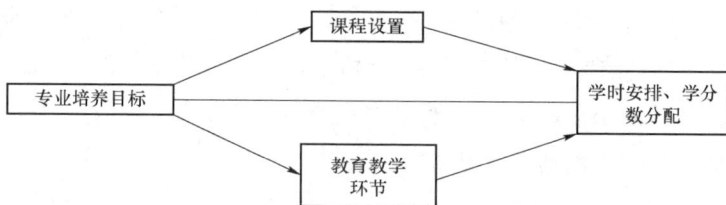

图 2-1-1　高校教学计划各要素结构

图中各要素的内涵及其相互关系如下。

（1）制订教学计划的前提是专业培养目标。这些目标决定了课程的设置和教学内容的选择，规定了对学生的具体要求，同时也决定了教学环节的安排。

（2）课程设置是教学计划的核心内容，通常包括公共课、基础课和专业基础课、专业课和选修课四类课程。课程设置是培养目标在课程层面的具体体现，也是实现培养目标的基本保障。

（3）教育教学环节是指教育教学全过程中不同的活动形式。教育教学环节分为课程性教育教学环节和非课程性教育教学环节，课程性教育教学环节包括课堂讲授、课堂讨论、习题课、实验课、教学实习、考试、课程设计和毕业设计等；非课程性教育教学环节包括入学教育、军事训练、公益劳动、科研活动、生产实习和社会调查等。

（4）学时安排和学分数分配是教学计划中重要的内容。学时安排反映了学生在各个教育教学环节中需投入的时间和精力，学分是对课时分配和教师工作量安排等进行计算的依据。

2. 计划的制订原则

（1）在制订教学计划时，需要正确处理国家对各专业人才培养的统一要求和本校培养特色之间的关系，注重发挥本校的优势和特色。只有突出本校的特点，才能在激烈的竞争中保持自身的优势和生命力。

① 在培养目标方面，应结合本校历史和传统，分析本校的优势，并根据发挥优势的原则确定本校的培养目标，明确本校的培养方向，体现本校的特色。

② 在课程设置方面，应保持和发展已有的优秀课程，对具有潜力的课程予以支持，进一步将其建设成为优秀课程。在加强优秀课程建设的基础上，调整课程结构，使课程结构体现本校的特色，形成具有特色的课程体系。

③ 在培养模式方面，应改变传统的人才培养模式，构建创新型人才培养模式，并在创新上突出本校的特色。这是关键，因为只有对培养模式进行创新，才能真正体现本校的特色和优势。

（2）教育的核心应该是以人为本，关注学生的需求和个性化发展。因此，在制订教学计划时，应该将学生作为教学的出发点和落脚点，为学生的主体作用提供更大的空间和机会，促进学生的自由发展。

① 为了实现学生德、智、体等方面的全面发展，教学计划需要在全面素质教育思想的指导下，处理好专业化与全面发展的矛盾。教学计划的培养目标的设计应该考虑到身体、精神、情感、理智等各要素的协调发展，以及智力因素与非智力因素的和谐发展，这样的总目标和要求能够促进学生的全面发展。

② 在课程设置方面，应该兼顾学科的性质和专业特点，因校、因专业制宜，使学生的知识能力结构具有时代特色、学校特色和专业特色。教学计划的制订还需要考虑到学生知识能力结构的优化比例，坚持共性与个性的有机结合，让学生在各个领域获得全面的发展。

③ 在教学进度的安排方面，制订教学计划需要坚持统一性与灵活性的有机结合。教学进度应该符合学生成长规律和教育教学的一般规律，同时也应该富有弹性，让学生根据自身的特点合理安排自己学业的进程，实现个性化发展。

④ 在学时安排和学分分配方面，教学计划需要根据培养目的及课程体系

和教学环节的特点来确定。对于不同的课程，需要依据专业业务范围的侧重点和所设定的学生知识能力结构，制订合理的学时和学分的分配比重，以实现学生的全面发展和个性化发展。

（3）为了符合高校培养高级专门人才的要求，教学计划的修订和完善必须坚持知识、能力、素质协调发展、综合提高的原则，特别是要关注学生的动手能力和创新能力的培养，突出素质教育。

① 教学计划需要把培养学生掌握本学科、本专业必需的基础理论、基本知识和相邻专业的相关知识作为基本要求。除此之外，还应培养学生具有从事本专业实际工作和研究工作的能力，适应相邻专业业务工作的能力，独立获取知识、提出问题、分析问题和解决问题的基本能力及创新能力，以及良好的思想道德素质、文化素质、专业素质和身体心理素质。

② 教学计划要建立有利于培养学生的基本知识、基本能力、基本素质的课程体系，特别要加强教学的实践环节。实践教学环节是教学中普遍薄弱的环节，因此在教学计划中，要有意识地对其加强，让学生通过学习构建起适应终身学习及社会发展变化所需要的知识、能力和综合素质结构。通过实践环节的加强，能够更好地培养学生的动手能力和创新能力，让学生在实践中不断提高自己的综合素质和能力水平。

（二）高校教学运行管理

教学运行管理是指按照教学计划对教学活动进行管理和监督的过程，其核心是全校协同、上下协调，严格执行教学计划和各项制度，保证教学活动的有效进行和不断提高，以保证教学质量。教学运行管理主要包括两个部分：以教师为主导、以学生为主体的师生互动的教学过程组织管理和以高校、院（系）教学行政管理部门为主体进行的教学行政管理。

1. 教学过程管理

教学过程是由多个环节所组成的有序的、互相依存、互相促进的统一整体。教学过程管理则是指教学管理者根据教学管理目标，按照教学特点和教学管理规律，在教学原则的指导下，选择和采用切合教学实际的管理方法的过程。

教学过程管理原则是指导教学过程管理的一般原理，其核心是教学为主、依靠教师和全面发展。

（1）教学过程管理原则

首先，教学为主的原则是指教学管理者按照党的教育方针的要求，以教学计划、教学大纲和教科书为依据，集中主要精力，管理好教学工作，不断提高教学质量。教学为主的原则要求教学管理者关注教学质量，注重教学内容和方法的合理选择和使用，以实现教学管理目标。

其次，依靠教师的原则是指教学管理者应该依靠教师的专业知识和教学能力来实现教学管理目标。教师是教学过程中不可或缺的重要环节，教学管理者应该积极支持和帮助教师提高教学水平，营造良好的教学环境。

最后，全面发展的原则是指教学管理者应该注重使学生德、智、体全面发展，这既是社会主义建设人才必须具备的素质，也是教学管理的最终目标。好的课堂教学应该让学生在思想、知识和能力上都有所提高和发展，让学生在学习中全面发展。

（2）教学过程管理的作用

加强教学过程管理是提高学校教学质量的重要手段。为了实现教学过程管理的目标，必须实现由生产型管理向经营型管理、由书院式管理向开放式管理和以物为中心的管理向以教师为中心的管理的转变。

首先，实现由生产型管理向经营型管理的转变是指在教学过程管理中，应该注重学生的全面发展和素质教育，而不是单纯追求应试成绩。经营型管理是素质教育的要求，通过对教学过程全方位、全过程的经营型管理，达到全面提高教学质量的目的。

其次，实现由书院式管理向开放式管理的转变是指在教学过程管理中，应该注重学生的能力培养和实践能力的提高。开放式管理有利于落实"三个面向"的要求，有利于全面提高学生素质。

最后，实现由以物为中心的管理向以教师为中心的管理的转变是指在教学过程管理中，应该重视教师的作用和需求，调动教师的工作积极性和创造力，以教师为中心，保证教学质量的提高。

总之，教学过程管理是提高学校教学质量的过程的重要部分。在教学过程管理中，需要实现由生产型管理向经营型管理、由书院式管理向开放式管理和以物为中心的管理向以教师为中心的管理的转变，以实现教学过程的全面管理，保证教学质量的提高。

2. 教学行政管理

教学行政管理,也称教务管理,是指高等教育机构,如学校、院、系和基层教学管理部门,根据各专业教学计划,运用多种管理手段,通过组织、指导和协调教学相关人员活动,建立良好的教学秩序,高效且优质地完成教学任务,为实现教育目标所进行的各项功能活动。教学行政管理对维护稳定的教学秩序和保证教学工作正常进行具有重要意义。

总之,教学行政管理是高校教育教学活动的关键组成部分,对于维持稳定的教学秩序和保证教学工作正常进行具有重要意义。通过优化教学行政管理,学校能够更好地完成教学任务、实现教育目标,为教育事业的持续发展提供有力保障。

(三)高校教学质量管理

教学质量管理中的教学质量,是指教学过程及其效果所具有的、能用以鉴别其是否符合规定要求的一切特性和特征的总和,是学校一切工作的首要目标。教学质量管理是通过管好影响教学质量的全部教学因素和过程,从整体上达到专业培养目标,控制教学秩序和教学质量,并对不合格现象和高低分差等偏离目标的现象进行控制,最终实现全面的、宏观的教学质量控制。

1. 教学质量管理的内容

教学质量管理是高等教育管理的关键部分,涉及教学质量的规划、监控和提升。教学质量规划是设定一定时期内需要达到的教学质量目标和标准,以及相关的管理和操作流程;教学质量监控是将实际教学质量与质量标准进行对比,并针对差异采取调整措施的管理过程;教学质量提升是使教学质量水平达到新的高度的过程。

(1)教学质量规划

实施教学质量管理,首先要明确教学质量目标和标准,即进行教学质量规划。教学质量规划主要包括两方面内容:一是建立衡量教学质量的标准和指标体系,识别、分类和衡量教学过程及效果的质量特征,确定教学质量目标和质量要求,明确影响教学质量的主要因素;二是制订管理和操作计划,为实现教学质量目标制订管理和操作程序,包括质量改进的计划、组织和活动。

（2）教学质量监控

教学质量监控主要是为了减少质量差异，使实际质量尽可能接近质量标准。教学质量监控过程包括四个步骤：选择教学质量监控对象；针对要监控的对象，选择测量手段并进行实际测量；分析实际质量与相关教学质量标准之间存在差异的原因；根据差异及其原因提出改进措施并据此采取行动。

（3）教学质量提升

教学质量提升的过程可以分为以下几个步骤。

① 收集和分析论证数据资料和质量信息，证实确实存在影响整体教学质量的问题，说明这种问题已经成为限制教学质量进一步提高的"瓶颈"，从而引起管理层的重视。要使管理层下决心进行教学质量提升，还需要进行质量成本核算。

② 分析教学质量故障涉及的众多因素的主次，根据"关键的少数和次要的多数"原理，从中找出关键因素，确定攻关目标。当选好的质量突破口不止一个时，还必须确定突破项目的先后顺序。

③ 成立两类不同职能的组织，即指导性组织和诊断性组织。指导性组织的职能是指出教学质量突破的方向，提出关键问题，提出造成教学质量问题的原因，克服执行中遇到的阻力，掌握教学质量改进的进度，协调各方面共同工作，决定改进的方案，采取措施，督促实施。诊断性组织的职能和任务是调查分析教学质量问题、验证造成质量问题的原因、提出质量改进的实施方案。诊断性组织的成员一般要有足够的时间进行长时期的调查研究，并具有丰富的教学经验和教学质量诊断技能，能够客观分析问题。

④ 提高教学质量意识。教学质量意识是人们对教学质量需求的准确理解和判断，以及对采用经济实用的方法实现教学质量需求的探讨和实践。简而言之，就是教师和教学管理人员在教学质量管理工作中的主动性。

⑤ 采取纠正教学质量问题的措施并付诸行动，这是教学质量改进活动的重点。在实施改进措施的过程中，不可避免地会遇到阻力。要想克服阻力，教学质量改进的建议要精练，措施要具体；要多做各个方面有影响的人的工作；要尊重别人，听取别人的意见；要设身处地地考虑质量改进措施的可行性和前景。

⑥ 当教学质量改进成功之后，应及时总结经验，把质量变革的成果纳入

教学质量标准，使教学质量稳定地控制在新的水平上。

2. 教学质量监控系统

教学质量监测系统包括教学管理体系、教学监督体系和教学评估体系三个部分，这三个体系既相互独立又紧密相连。

（1）教学管理体系

完整的教学管理体系是维护教学秩序和提升教学质量的基本保障。教务部作为教学管理的职能部门，负责确定管理目标、制定管理政策、实施监督检查及质量评价等任务，具体包括学校人才培养总体规划设计、教学管理制度和政策制定、各学院管理工作评估、重大教学研究项目管理、教学建设项目组织论证与管理、教学质量保障与监控体系建设与实施等方面。

（2）教学监督体系

① 教学督导制度。教学督导室对教学过程进行监督与评估，教学督导内容涵盖专业建设、教学计划、教学基本要求等环节。督导人员通过听课、召开学生座谈会、与教师交流等方式了解教学过程。

② 听课制度。高校可成立中心听课组，建立领导干部、督导人员、同行教师听课制度。各级党政干部应深入教学一线，倾听师生意见，及时了解教学状况，发现并解决教学问题，以促进教师不断改进教学方法、更新教学内容、提高教学质量。

③ 学生信息员制度。设立学生信息员制度可使教学管理部门能够及时掌握教学秩序、教师授课、教学方法、教材应用、教学环境、考试与评估等方面的问题，并根据反馈情况，采取有效措施解决问题。通过实施信息员制度，学院的管理和教学会更贴近学生和实际需求。

④ 教学监督制度。教学管理部门应建立完善的学期初、学期中、学期末三阶段教学检查制度，每个阶段都有具体要求。检查需全面有序地进行，同时要作好检查总结和分析，针对性地提出解决方案和整改措施并认真执行，从而形成完善的查找问题、改进和建设的监控机制，使教学过程中出现的问题能够及时发现和解决，确保教学工作各环节的良性循环。

（3）教学评估体系

① 教师教学评估。教师教学质量评估方案包括学生评价、同行评价、部门评价和教师自评四个部分。自评作为参考，学生评价、同行评价、部门评价

的比例分别为 4:3.5:2.5，各类评价依据相应的评价方案和指标体系，实现对教师教学工作的实际指导。每学年进行一次教师教学质量评估，评估结果与教师年度考核、职称晋升挂钩。

② 教研室教学评价。教研室教学评价每学年进行一次，内容包括组织管理、教学过程管理、教学基础建设和教学研究与改革四方面，依据学校制定的评价指标组织实施。教研室首先进行自评并提交报告，各系在评价前向教务处报备具体方案和安排。各院根据指标体系对教研室教学工作进行评价并汇总，最后将评价结果、评价工作总结和整改措施报教务处。通过对教研室进行工作评价，加强了对基层教学工作的监督和管理。

③ 院系教学评价。院系教学工作是学校教学工作的基础，是负责组织教学活动、实施各项教学管理制度和保证教学质量的基本单位。学校对院系教学工作的评价指标充分考虑了短期和长期因素，分为年度考核和周期性评价两个层次。年度考核侧重于教学工作的落实和教学过程的监控管理，将时效性强的指标纳入年度考核。院系教学工作学年考核包括办学理念与目标、日常管理、教学建设与改革、教学质量监控等方面，全面评价学院教学及管理工作。

上述教学管理制度和教学评价体系的建立和完善，有助于提高高校教学质量和管理水平，激发学生的学习积极性和主动性，培养具有创新精神和实践能力的优秀人才。

（四）高校教学管理制度

教学管理制度是确保教学秩序稳定和教学系统正常运行的关键保障，建立和完善高校学生的学习激励机制及相关制度是高校教学管理的基本任务之一。

学分制是一种先进的教学管理模式，适应市场和社会需求，因此将可能成为我国高校教学管理的主要形式。

1. 学年制与学分制

目前，各国高校的教学管理制度主要分为两种：学年制和学分制，其他一些教学管理制度基本上都源于这两种制度。

学年制是一种传统的教学管理模式，要求学生在规定的学年内完成所有课程并通过考试，作为毕业的条件。根据不同专业和培养目标，修业年限、课程类别和教学时数的规定有所不同,每年的课程类别和教学时数都按照严格的规定进行计划和监督管理。通常情况下,学生的修课类别和进度要求一致,不允许缩短或延长修业年限。学年制的优势在于对人才培养有统一要求,确保大多数学生在规格上的一致性及教学组织方面的易于管理。然而,学年制也存在一些不足,如教学计划过于死板,教学内容和课程量一致,不利于因材施教,也不利于学生形成个性化的知识能力结构和优秀人才的崛起。

学分制是以学分计算学生学习量的教学管理模式,学生需要获得一定数量的学分才能毕业。学分计算方法不一,因此各校规定的学分总数也有所不同。学分制没有严格的修业年限,只要达到规定学分即可毕业;不实行留级,未通过课程考试可重修;无班级和旷课概念。学分制的优点在于灵活性较大,有利于因材施教。学生在完成必修课程学习任务之外,可根据自身知识水平、能力和兴趣选择课程,这有助于激发学生的积极性和主动性,有利于优秀人才的脱颖而出。然而,学分制也有缺陷,主要是学分只能反映学习量,难以反映学习质量。此外,如果实行单纯的学分制,会使得教学秩序难以控制。

2. 学分制的特征

学分制与学年制相比具有以下特征。

(1)教育目的更着眼于培养能适应社会发展和市场经济需要、应变能力强的在一定通才基础上的专才,而不只是专门服务于某一行业或某一职业岗位的专才。

(2)培养目标重在培养人才的全面素质,强调人的整体能力,而不仅是某项专业技能。

(3)教学内容必须持续丰富与调整,不能局限于原有学科专业教育的狭隘框架,尤其不能僵化地坚守过时的专业知识和只传授知识的教学模式,教学内容和结构方面应有所创新和突破。

(4)教学方法应注重因材施教,承认学生之间的差异,尊重每个学生的个性化发展,强调充分激发学生的学习积极性和主动性。在教育模式上,要从教导学生如何"学会"知识转变为使学生"会学"知识,让他们能够面对现实、能够理解多学科对各种问题的分析和阐述,从而形成一种具有创新意义的教育模式,旨在培养一代擅长思考、勤于探索和勇于创新的新人。

(5)教学组织是以选课制代替排课制,承认学生有选课权,学生可以根据自己的认识和兴趣选修自己认为重要、喜爱的课程。

（6）学籍管理制度严格、学制灵活，学生可提前毕业，也可中途休学、延迟毕业，可以修读双学位、双专业、主辅修等。

学分制的以上基本特征充分显示了学分制在教育目的、目标乃至教育全过程方面与学年制有很大不同，这也正是学分制被国内外高校充分重视、研究并应用的原因。

第二节　高校教学质量评估现状

一、高校教学质量评估政策基础

（一）《中华人民共和国高等教育法（2015 修正）》

我国是教育大国，自古以来都重视教育。当前，我国所施行的《中华人民共和国高等教育法》是教育领域最高层次的法律，该法自 1999 年 1 月 1 日起施行，在 2015 年 12 月 27 日经过修订后重新发布实施，在推动我国各级各类学校的教学改革方面发挥了十分重要的作用。

（二）《高等学校信息公开办法》

为推动高校教学的发展与进步，使高校教学适应新时期社会发展和广泛关注的发展要求，从 2010 年 9 月 1 日起，我国施行《高等学校信息公开办法》，要求公开高校的各项信息，以便更好地接受学生、教师、家长及整个社会的监督，不断提高教学质量。

《高等学校信息公开办法》第二章第七条中指出，高校应公开的信息包括以下几方面内容。

（1）学校的名称。

（2）学校的性质。

（3）办学规模。

（4）办学的目的。

（5）内部管理体制。

（6）学校领导。

（7）机构设置。

（8）学校制定的各项规章制度。

（9）学校年度工作计划。

（10）学校发展规划。

《高等学校信息公开办法》的施行为本科教学质量报告的公开奠定了制度基础。

（三）其他法律法规

进入 21 世纪以来，我国更加重视学校教育发展，在高校教育方面，先后出台一系列的法律法规对高校教学工作的开展进行规范（见表 2-2-1），从各个角度和各个方面来推动高校教学质量的改进[1]。

表 2-2-1　21 世纪以来我国规范和促进高校教学质量的相关法律法规年份

年份	法律法规
2001 年	《国家大学科技园"十五"发展规划纲要》《关于加强高等学校本科教学工作提高教学质量的若干意见》
2005 年	《关于进一步加强高等学校本科教学工作的若干意见》
2007 年	《普通高等学校本科教学工作水平评估学校工作规范（试行）》《普通高等学校本科教学工作水平评估专家组工作规范（试行）》
2010 年	《国家中长期教育改革和发展规划纲要（2010—2020 年）》
2012 年	《教育部关于普通高等学校本科教学评估工作的意见》（教高〔2011〕9 号）
2018 年	《关于加快建设高水平本科教育，全面提高人才培养能力的意见》

二、我国高校教学质量评估的现状

（一）我国高校教学质量检测与评估现状

为全面了解我国高校教学质量检测与评估的整体情况，王小明、冯修猛就2017 年所公布的全国普通高等学校名单的 1243 所普通本科院校进行了调查，

---

① 王克娜. 内蒙古自治区高校本科教学质量报告现状研究［D］. 呼和浩特：内蒙古大学，2019.

筛选出独立设置教学质量监测与评估相关机构的高校 230 所。通过对数据进行
分析，对我国高校教学质量检测与评估现状有了以下大致了解①。

1. 高校教学质量主管部门

在所调查的 230 所独立设置教学质量监测与评估机构的高校中，国家部委
主管的有 12 所；省/直辖市/自治区政府部门主管的有 143 所；省/自治区教育
厅/直辖市教委主管的有 75 所，由此了解到我国高校设立教学质量检测与评估
机构的高校的不同级别主管部门的占比，并将其与同类主管部门高校进行比
较（见表 2-2-2），最终发现，在相同的外部制度环境下，不同高校的机构设
置存在着不同的"合法化危机"（诱使或迫使组织采纳具有合法性的观念力
量）。危机感强的高校更注重主动去提升教学质量，基于本校的教学发展，
会主动设立教学质量检测与评估部门，而这些高校往往是国家或省市的重点
高校。

表 2-2-2　我国高校教学质量机构主管部门情况主管部门

主管部门	数量	比例/%	占同类高校比例/%
国家部委	12	5.22	10.62
省/直辖市/自治区政府	143	62.17	20.40
省/自治区教育厅/直辖市教委	75	32.61	18.07

2. 高校教学质量机构名称

当前，在我国高校中，教学质量机构的名称选择在很大程度上是由其机构
职能所决定的。通过关键词整理，可以大致了解我国高校教学质量机构名称及
其职能侧重点的不同（见表 2-2-3）。

表 2-2-3　我国高校教学质量机构名称及其职能侧重

序号	关键词	次数
1	质量	142
2	教学质量	112
3	评估	109

① 王小明，冯修猛. 国内高校内部教学质量监测与评估机构发展：现状、问题与对策 [J]. 上海教育
评估研究，2018（4）：70-73.

序号	关键词	次数
4	中心	104
5	办公室	71
6	监控	62
7	监测	47
8	处	44
9	管理	34
10	评价	23
11	发展	15
12	督导	13
13	监督	9
14	保障	6
15	委员会	5
16	规划	6
17	督查	4
18	评建	4
19	研究	4
20	教育质量	3
21	促进	2
22	绩效	2

通过对表 2-2-3 进行分析，可以看出大多数学校都能清楚地认识到学校教学质量工作的重点和核心，将教学质量评估监控、评价、管理作为主要职责；有部分高校认为教学质量相关机构在学校教学质量方面更多的是发挥到督导、监督的作用；还有部分高校认为该类机构应具有规划、研究和绩效考核职能；也有一小部分高校将教学质量管理部门作为学校内部行政机构看待，用"中心""办公室""处"等字词命名。

3. 高校教学质量机构职责

经过分析发现，我国高校教学质量管理部门的主要职责为监测、监控、管理、评估、督查等，具体如表 2-2-4 所示。

表 2-2-4　高校教学质量管理部门名称职责关键词频数汇总

序号	职责	次数	序号	职责	次数
1	监测	173	6	咨询	34
2	监控	131	7	研究	25
3	管理	102	8	规划	19
4	评估	97	9	考核	19
5	督查	89	10	指导	12

4. 高校教学质量机构成员

经数据发现，当前我国高校教学质量管理部门组织的机构成员人数大都不多，一般为 2~4 人，最多不超过 10 人（见表 2-2-5）。

表 2-2-5　高校教学质量机构人员情况

人员数量	机构数	人员数量	机构数
2 人及以上	26	6 人及以上	9
5 人及以上	13	9 人及以上	6
3 人及以上	25	7 人及以上	2
4 人及以上	17	8 人及以上	1

（二）我国高校教学质量保障体系建设的现状

通过对我国高校教学质量保障审核情况进行调查分析，多数专家与学者更加关注教学质量保障体系和质量监控，几乎全部忽视质量信息利用、质量改进。整体来看，我国各类高校出于迎评需求建设的教学质量保障体系同质化有余，但多样性不足。学校在质量保障体系建立，以及成立组织、开展质量监测活动等规范性措施方面的工作做得比较到位，但是在质量信息的利用和质量改进方面缺乏自主性，自我评估活动开展不足（见表 2-2-6、表 2-2-7）。质量保障工作总体还停留在规范化阶段，有待进一步深入[1]。

---

① 范菁. 高校内部教学质量保障体系建设的现状与展望——基于本科审核评估实践的研究 [J]. 中国大学教学，2019（3）：48-50.

表 2-2-6　高校教学质量审核要素意见统计

审核要素	评估意见	审核意见	占比/%
教学质量保障体系	25	22	37.29
质量监控	12	20	33.90
质量信息及利用	0	8	13.56
质量改进	0	9	15.25

表 2-2-7　高校教学质量审核要点意见统计

审核要点	肯定之处	占比/%	评估意见	占比/%
质量标准建设	3	8.11	5	8.47
学校质量保障模式及体系建构	13	35.14	1	1.69
质量保障体系的组织、制度建设	7	18.92	10	16.95
教学质量管理队伍建设	2	5.41	5	8.47
自我评估及质量监控的内容与方式	12	32.43	15	25.42

第三节　高校教学质量管理评价系统构建

一、教学质量保障支持系统的构建

在学校教育中，为保证教学质量，构建一个质量保障支持系统是尤为必要的。这一系统涵盖的要素非常多，如教学指导委员会、教务处、教学系、相关职能部门、学生信息员队伍等。每一个要素都非常重要，在构建这一系统时都要充分考虑到。

（一）体系的结构

在构建高校教学质量保障体系时，首先要理解体系内的基本要素和框架，主要内容包括输入质量保障、过程质量保障、输出质量保障和系统效率保障。输入质量涵盖了教育目标、质量文化、学生来源、师资等方面，过程质量涉及课程设置、教学方法、师生关系等，输出质量分为社会输出质量（如学生毕业率、就业率等）和学生学术质量，系统效率主要包括师生比例、每名学生的培养成本、时间效率、综合效率等方面。

其次，各高等学校必须根据社会需求、自身定位和教育发展规律来采取有效措施。最后，根据学校的具体情况，制定一个符合其特点的教育质量保障机制。在这个教育机制的支持下，学校的教学活动才能顺利开展，从而实现理想的教学成果。

高校内部质量保障体系结构如图 2-3-1 所示。

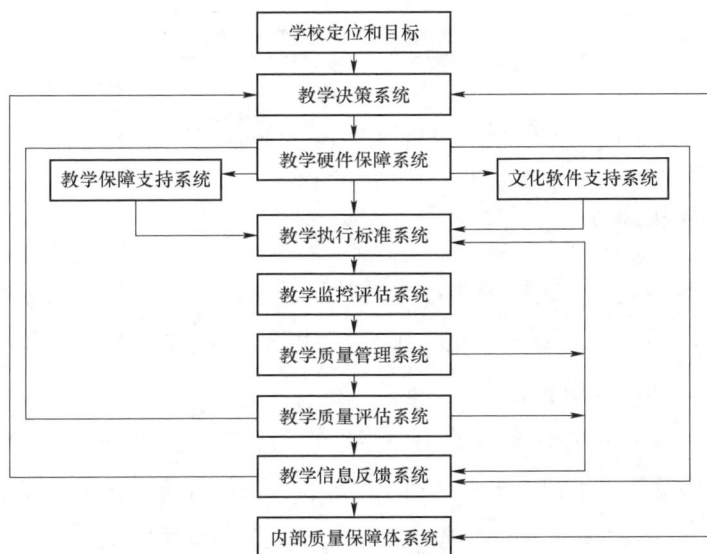

图 2-3-1 高校内部质量保障体系结构

我们主要根据质量保障体系的特点，对质量保障体系的基本模型作出一个简单的设计，并对其各个系统进行简要的分析。

依据高校教学质量保障体系的功能及各构成要素可以确定质量保障体系的结构框架，这一框架如图 2-3-2 所示。

由图 2-3-2 可以看出，教学质量保障支持系统是整个系统中的中心环节，它与其他环节之间的联系都非常紧密，它们相互作用、共同影响，推动着教学质量的发展。教育质量信息检测反馈系统作为整个系统过程中的最终处理环节，不仅反馈整个教育质量保障系统，同时对于教学质量的决策实施系统具有重要的作用。

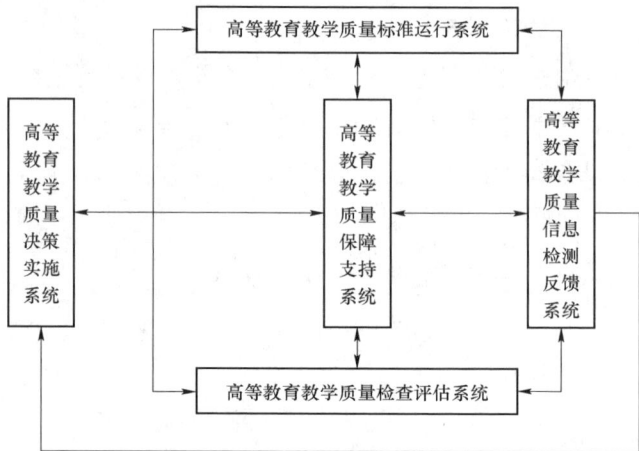

图 2-3-2　高校质量保障体系的结构框架

（二）系统的建立

要保证教学质量，建立一个可靠的教学质量保障系统是至关重要的。这一系统的建立不是一件容易的事情，涉及方方面面的因素，教学管理者要认识到这一点，事先作好充分的准备。

高校教育质量保障体系主要由外部质量保障与内部质量保障两个部分构成，其中，外部质量保障重视基于中介组织的评价，内部保障更关注质量的审计与改进。通常情况下，可以采用四种模式：一是"内部教学质量保障体系"建设的系统构成；二是"内部教学质量保障体系"建设的理论设计；三是"内部教学质量保障体系"建设的系统目标；四是"内部教学质量保障体系"建设的运行模式。

要想促进高校教育质量的提高，必须要顺应时代发展的潮流，加强教学课程改革，不断培养和提高大学生的综合素质，同时要加强教学评估，发挥教师提高教学质量的重要作用。内部教学质量保障体系由五个子系统构成：教学决策指挥系统、教学保障支持系统、教学执行标准系统、教学监控评估系统和教学信息反馈系统。这五大子系统全面体现了教学质量保障体系的结构、内涵、任务和功能，共同构成了相对完整和循环闭合的质量保障体系。

以整个教学过程为例，可以将教学质量保障系统分为以下几个部分。

（1）环境：教室、学校。

（2）运行：运行过程中所监测的内容大致包括教学态度、教学内容、教学方法、教学效果。

（3）结果：对所保障的教学过程进行监测，所得到的结果大致分为优、良、及格、不及格。

（4）反馈：通过教学质量保障系统将所得出的教学评估结果反映到保障系统。

高校教学质量保障体系的建立对于学校教育的发展具有重要的意义。这一保障体系充分吸收和借鉴了高等教育质量管理的经验，将高等教育质量保障的研究成果系统运用于教学管理中。院校在具体建设中应当在总结已有本科教学经验的基础上，全面完善教学评价体系，以此为基础建立全面的教学质量保障体系，这样才能促进教育质量的提高。

在建设高校教育质量保障体系的过程中，我们可以设计以下工作技术路线。

第一，系统梳理和筛选本科教学评价的各种技术方法，尤其是高等教育质量保障体系建设的理论与方法。

第二，分析内部教学质量保障体系教学质量生成过程和关键质量控制点。

第三，通过技术组合形成教学评价的方法体系。

第四，在评价基础上构建教学质量保障的体系框架，并形成完善的质量保障与监控体系。

第五，推动本科教学质量管理体系的完善。

第六，调查分析本科教学现状，然后从制度、程序、规范、文化等方面查找各质量控制点的质量管理漏洞。

第七，将这样的体系运用于教学管理，并不断完善这样的体系。

高校教学质量保障体系建设技术路线如图 2-3-3 所示。

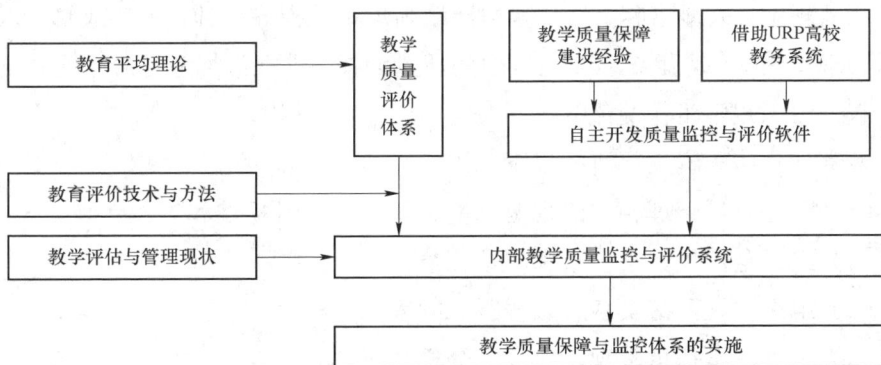

图 2-3-3 高校教学质量保障体系建设技术路线

为建设一个科学、有效的教学质量系统，我们可以结合学校的具体教学实际设计一个质量保障监控与评估系统，如教师的评教系统和学生的学业预警系统。我们可以此与兄弟院校开展交流，为教学改革提供客观数据，提高教学效果，为教学改革提供大量的可靠数据，推进教育教学改革深入发展，提高教师的教学优良率和学生学习的积极性。从理论和实践效果来看，学生培养的质量和教师授课的质量得到了有效提升。另外，高校教学质量保障体系的建设并不是一朝一夕的事情，而是一个长期的不断完善的过程，需要学校全员参与、全过程管理监控，共同推进教学质量的提高。

综上所述，建立一个高校教学质量保障系统需要从以下几个方面进行。

1. 党委、校行政

在建立高校教学质量保障体系时，党委和校行政需明确学校的定位和办学理念，确保本科教学的核心地位，保证必要的人力、财力和物力的投入。他们需要制定教学质量保障政策和制度，组织建立和调整教学质量管理及监控组织机构，对全校教学的重大问题进行合理调控，确保教学活动的顺利进行。

2. 教学指导委员会

教学指导委员会在宏观层面掌握全校教学质量保障工作的方针和政策，对提升教学质量提出指导性建议，审定教学质量管理的标准和办法。同时，接收教学质量信息反馈，调控影响教学质量的因素，确保教学质量管理工作的顺利进行。

3. 教务处

教务处主要负责确保学校教学质量管理工作的正常运行。制订或修订教学管理相关规定、人才培养方案、教学计划等政策性指导文件，制订或修订教学质量管理相关文件，组织教学运行中的质量调控，进行常规教学质量调查研究和检查，组织教学工作交流等。

教务处具体职责主要包括以下几点。

（1）制定质量管理相关的规范制度、各环节质量标准和工作计划。

（2）组织全校性教学检查和专项评估。

（3）组织实施和落实各级领导听课制度。

（4）负责教学信息整理、统计、分析和反馈。

（5）建立和完善教学质量监控与评价体系的档案管理系统。

（6）组织质量监控工作会议、座谈会、问卷调查等。

（7）完成教学质量管理备案和总结工作。

4. 教学系

教学系作为学校教学质量保障体系的关键部分，其主要职责如下。

（1）建立完善本单位的质量保障组织体系。

（2）制订本单位的质量工作计划、具体实施方案和相关规定。

（3）组织本单位的教学检查、评估和督导工作。

（4）负责本单位教学质量监控与评价。

（5）加强本单位教风、学风建设。

（6）坚持并督促实施听课制度。

（7）建立和完善教学管理档案。

（8）组织教师、学生座谈会等活动。

（9）完成日常统计分析、总结报告、信息反馈和调控落实等工作。

5. 各相关职能部门

教学质量管理相关职能部门应认真履行职责，确保教学质量。例如，校实验中心监控和评价全校实验室建设；人事处负责监控与评价全校教师培养；学生工作处、学生工作部、院团委负责全校学生学风监控与评价。各相关职能部门对分管教学质量管理工作开展调研，并提供信息反馈。

6. 教育教学督导委员会

在分管校长领导下，教育教学督导委员会对全校教学秩序、质量和工作状态进行监督、检查、评估和指导，依法开展"督教、督学、督管"活动。具体职责如下。

（1）监督学校日常教学管理。

（2）加强与青年教师的联系，协助提高授课质量。

（3）评价各院（系）教师的教学质量。

（4）交流、研讨教学工作情况，提出建议。

（5）通过检查教学管理，促进规范化建设。

7. 学生信息员队伍

为确保教学目标实现，促进教风、学风建设，从学生中选拔学习态度端正、成绩优秀、诚实公正的学生担任信息员，这是教学质量保障体系的重要组成部分。一般情况下，学生信息员的主要职责包括以下三点。

（1）负责教学过程中的信息收集工作，定期填写教学信息反馈表。

（2）统计教师的教学情况、学生的学习情况。

（3）定期或不定期地客观地向教务处反馈教学情况，并提出意见和建议。

建设一个合理有效的教学质量保障体系能使教学管理透明化，把"课堂教学听查课""期中教学检查""最满意教师评比""青年教师导师培养""教学观摩与交流""考风考纪检查""学籍管理"等情况及时在校园网上公布，起到教学监控的作用。

建设一个合理有效的教学质量保障体系能使教学过程流程化、标准化。在内教学质量保障体系中，把"课堂教学设计""备课""教学互动""考试""实验教学""观摩教学""讲课比赛"等教学环节以标准流程的形式，在校园网上共享，从而实现促进教学质量提高的目的。

在构建教学质量保障体系的过程中，计算机的运用越来越广泛。其中，云计算是一个便捷的可以通过网络访问可定制的计算资源共享服务的模式。这些资源能够快速部署，且只需要很少的管理工作，或者与服务供应商很少交互，内部教学质量保障体系就在这样的背景下产生了（见图 2-3-4）。

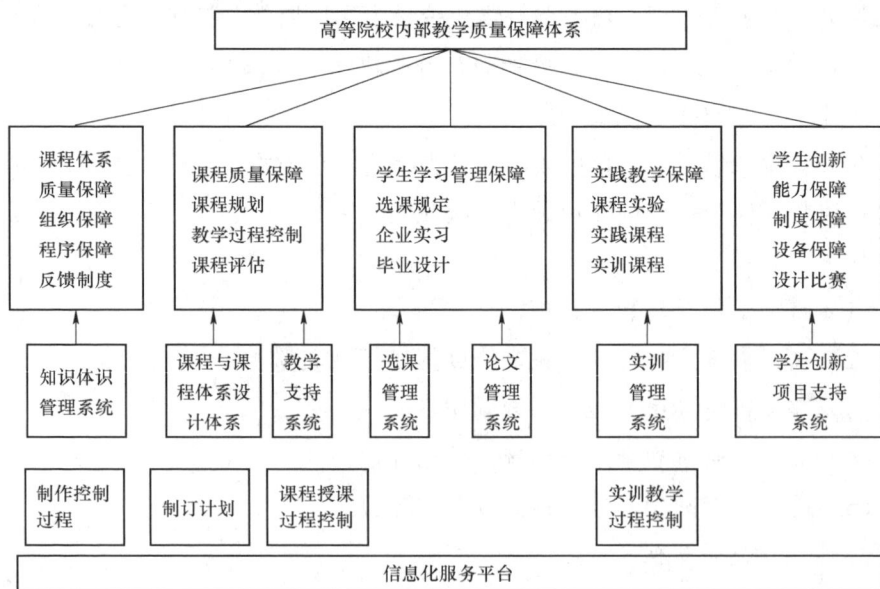

图 2-3-4　高校内部教学质量保障体系

一般来说,高校教育质量的评估主要是评价学校的办学思路和办学传统与特色,评价学校人力、物力、财力的投入及效果,评价学校的专业建设、教学改革及效果。总体而言,主要包括教学过程评估和教学效果评估两个方面。

教师教学质量的评估是非常重要的一方面,在具体的评估过程中,要对教师教学活动的各个环节执行情况进行连续性评估,如教学计划评估、教案评估、授课评估等内容。只有如此,才能保证教学质量保障体系的顺利运行。

二、教学质量标准运行系统的构建

一个完整的教学质量标准运行系统主要包括学生信息与教学评估信息两个方面,下面就对此作出具体分析。

(一)学生信息

学生信息反馈是对学生教学信息的收集和调整,通过实施学生教学信息员制度,以学生教学信息中心为平台,及时搜集和整理学生的意见及建议,并向相关人员反馈,从而促进教学质量的进步和提升。

1. 学生评价信息

在教学过程中,学生作为教学活动的主体和关键,是评价教学质量的重要来源。我们可以通过举办学生座谈会、学生信息员定期或不定期的反馈、学生评教、校长信箱、教务处信箱等渠道,了解学生对教学各环节的看法和建议,以及对教师教学质量的评价。

2. 学生学习质量评价信息

学生学习质量评估反馈主要涉及对学生学习质量的评价,包括学生学习过程评价和学生学习成果评价两个方面。学校可以通过主讲教师、本科生导师、负责学生工作的副书记、辅导员等多种途径,全面了解和掌握学生的学习状况和学习风气,并通过期末考试全面分析学生学习成果,结合过程评价和结果评价来有效评估学生的学习情况。

3. 毕业生质量跟踪调查信息

毕业生质量追踪调查反馈是指通过广泛调查和抽样调查等多种方式,追踪调查毕业生质量信息。毕业生追踪调查由招生就业处和学生处负责,各院(系)协同完成。例如,完成调查后,相关负责人应撰写调查报告,向学校领导汇报并向各教学系反馈,以评估人才培养工作,为修订人才培养方案和优化课程结构提供依据,使培养出的人才更能适应现代社会的发展、满足现代职业需求。

(二)教学评估信息

在高等院校的教学质量评估系统中,教学评估信息是教学质量标准运行系统的关键组成部分。评估方案的设计者应科学制定评价策略,进一步强化教师课程教学质量评价结果的应用,充分发挥其正向引导作用,推动教师改进教学方式和策略、提升教学水准。

通常,教学评估信息主要包括以下几个方面的内容。

1. 校领导评价信息

在学校教育过程中,校领导需深入教学管理部门、相关教学系、课堂、教室、实验室及教师和学生群体,通过听课、座谈等方式,全面了解教学运行状况信息,及时发现和解决教学过程中出现的问题,确保教学活动的顺利进行。

2. 教育教学督导员评价信息

高校相关领导应每学期定期或不定期地进行现场听课,并填写听课记录表,最后给出相应的评价。此外,学校领导还需关注授课教师,特别是年轻教师的教学基本情况,积极进行指导,并向教育教学督导办公室反馈教学信息。他们还要对实验、实习、毕业论文(设计)等环节进行专项检查和督导,争取收集更多有益的评估信息。

3. 教师教学评价分析

在学校教学过程中,关于教师的教学评价至关重要,评价活动通常在每学期末进行。课堂教学质量评价主要涵盖教师的教学态度、基本教学技能、教学方法、教学内容和教学成果等方面。实验、实习教学评价从过程和结果两个方面进行。若评价不合理,可能会打击教师教学的积极性。

教师在教学活动中能起到关键的引导作用。因此,在学校教学中,应该通过有效的教师教学质量评价,尽可能地以问题为导向,产生正确的引导和激励效果,激发教师教学工作的积极性,推动教学内容和方法的改革,不断提高教学质量。

在一般情况下,教师的教学评估可以分为四个等级:优秀、良好、合格和不合格。其中,优秀等级的总分为 90 分以上,良好等级的总分在 80～89 分,合格等级的总分在 60～79 分，不合格等级则为低于 60 分。

4. 高等教育教学质量评价指标体系的设计原则

高校教学质量评价指标体系的构建需遵循四大原则：系统性、公正性、应用性和导向性，只有遵循这些原则制定的评价指标体系才是科学合理的。

（1）系统性原则

在设计具体评价指标时，要确保各个一级指标之间既相互关联，又具备独立性。为了让评价者和受评者明确评价目标，我们在每个二级指标后都列出了主要观察点，并给出了明确的内涵和科学解释；在评价指标体系编制完成后，还需要进行指标筛选和指标权重设置，以保证评价体系的完整性和系统性。

（2）公正性原则

设计评价指标体系时，务必保证其公正性，否则，整个教学评价将失去意义，评价活动也将无效。因此，首先要确保选定的各个一级指标对评价对象具有可比性，因为可比性是公正性的基础。符合可比性条件的指标必须经过严格的论证和横向比较，以确保评价指标的合理性。

（3）应用性原则

学校教学评价指标体系的设计应遵循理论与实践相结合、主观与客观相结合的应用性原则。制定过程必须符合教育规律和客观现实。脱离现实的评价指标是空洞的，无法经受实践检验。因此，指标的选择要简单、实用、易操作、适中，以便评价活动正常开展。

（4）导向性原则

良好的评价指标具有重要的指引作用。因此，为确保选定的指标具有持续性和导向性功能，我们在研究制定各项评价指标时，通常将导向性放在首位，用发展的眼光看待评价指标的设置问题。评价的目的不仅是评定名次及优劣程度，更重要的是引导和鼓励被评部门朝着正确的方向和目标发展。这样，评价工作才能发挥导向功能，确保教学评价活动的顺利进行。

以上评价指标体系的几个原则都是经过反复实践证明的事实，根据这些原则能制定出具有可视性、可比性、可操作性、可持续性的评价指标，这为各项评价的开展打下了坚实的理论基础，也为受评部门改进工作指明了方向。

在实际的学校教育过程中，学生个人需求所产生的动机对于一个人的成功学习至关重要。在高校课程设计中，充分考虑学生的兴趣、爱好和职业规划，是确保高等教育质量的一个重要环节。随着市场经济制度的逐渐确立，以及高等教育体制的变革，学生自主选择职业、双向选拔及自费上学的制度逐步完善，这些都在很大程度上要求高校课程必须关注学生的多元需求。

为了满足学生需求，高校课程设计应该关注学生的兴趣、爱好和职业规划，以便提高教育质量。这样的课程设计将有助于激发学生的学习热情，培养他们的创新能力和实践能力，从而为社会培养更多具备专业素质和实际应用能力的人才。同时，高校也应该关注市场需求，调整课程设置，以适应社会发展的需求，培养更具竞争力的毕业生。

高校课程改革的新研究成果让课程制定者和教师对教学过程或其某些方面有了更新的认识，进而在特定条件下促使人们探寻新方法或建立新课程目标。例如，心理学对人们在无意识状态下学习效果的研究，催生了暗示教学法的探讨。再比如，对传授知识与培养能力关系的深入认识，催生了以能力培养为核心的教学体系的尝试。当代教育学和心理学研究为学校课程改革提供了重要的思路和策略，使教学课程改革的步伐不断加快。

一个国家或一所高校的课程改革往往受到内外部因素、共性因素和特殊因素相互交织的影响。我们需要解决共性问题和个性问题，既要跟上时代发展，满足社会各方面需求，也要遵循教育自身发展规律，根据自身逻辑进行改变。因此，高校课程改革显得尤为复杂和艰巨。然而，这也为高等教育理论研究展示了美好前景，尤其是高校课程研究，将成为一个充满潜力的领域。

在当前的社会背景下，高校教学课程正朝着综合化方向发展，这主要有两方面原因：一是当代科技发展高度综合化；二是解决现代重大社会生产和生活问题需要多学科协作。现代高级专业人才培养已不能局限于过去的狭窄知识面，而应注重较为丰富的知识基础和较广泛的文化修养。因此，各国高校都在不同角度和形式上加强知识基础，并拓宽知识面，即进行所谓的通才教育。在全面素质教育的今天，提升学生的综合素质至关重要，这有助于学生在毕业后更快地适应社会。

三、教学质量检查评估系统的构建

在高校教育中，建立一个教学质量检查评估系统也是非常重要的，它属于教学质量决策实施系统的重要组成部分。下面主要阐述实施教学质量评估的几个工具及实施办法。

（一）利用观察

观察法是评价工作者就评价的各项指标对评价对象直接进行现场观察的方法这一种方法多属于行为表现方面的测评，它不同于纯粹的日常观察，纯粹的日常观察所得印象笼统、含糊，或者流于主观臆断，这里所说的观察法是按照要求进行科学的控制，明确观察的内容重点，制订观察计划。

1. 观察法的分类

一般情况下，可以将观察分为非参与（不介入）观察和参与（介入）观察两种形式。在进行非参与观察时，观察者处于被观察对象的外部，他们从旁观察正在发展的过程，不提出任何问题，只是记录事件发生的过程。

在参与观察中，观察者在某种程度上直接参与被观察过程，与被观察的人发生一定的联系，参与他们的活动。进行参与观察时，观察者可以采取中立的立场，不积极参加集体的活动。在观察的过程中，观察者应该采取十分小心谨慎的态度，一般应当遵循下列规则。

（1）充当该集体的普通一员。

（2）不露声色，不对发生的事情表示出过分的兴趣。

（3）多听，多观察，少提问题。

（4）发言应持中立，不加评论。

从是否控制条件来看，可以将观察法分为自然观察法和实验观察法两种。

自然观察法是在日常教育、教学活动或日常生活等自然条件下的观察，但事先必须明确要观察哪些行为表现。实验观察法是在严密的条件下，人为地引起学生的行为反应，以进行观察的方法。

从取样的角度看，观察法可以分为时间样本法和情境样本法。时间样本法是在限定时间内的观察，因为在限定时间内观察到的现象是整个活动时间内的全部现象的一个样本，所以主要有两种方式：一种是不同时的取样观察，如观察学生自觉纪律情况，可在自习时间或其他自主表现较强的活动时间进行观察；另一种是同时的取样观察，即在同一时间内协同工作的各评价工作者同时进行观察。这两种观察法在学校教学中最为常用。

2. 观察法的记录

观察法是借助直接感知和直接记录来搜集有关的资料，一般情况下主要有快速记录、卡片记录、观察日记、录音录像、问卷法等方式。下面主要介绍卡片记录和问卷法。

卡片记录这一形式在教学质量检查中利用得非常广泛，它是运用卡片形式，按观察对象进行分户记录，即一个个体对应一张卡片，每张卡只记一件事。例如，对于观察卡片，只要在所属栏里记"√"即可，有特别说明的可在备注栏里填写说明，但必须在当时立即作记录。

观察法能很好地测试出测评人的外显行为，但一些心理活动则无法通过观察法得出，这时就可以采用问卷法，如对人的思想倾向、态度、兴趣、性格认识、意向等内容进行测评时，往往采用问卷法。问卷法的优点比较明显，一般来说不受空间限制，在短时间内可以获得较多的资料，有利于获得更加准确的评价结果。

一般来说，问卷通常可分为限制式、半限制式和开放式三种。

限制式问卷对提出的问题根据测评的需要及实际情况，事先安排好答案，由对方从中选择适当的答案，通常是在被选择的答案处做记号"√"。

限制式问卷的优点是回答的类别标准化，有利于统计、比较和分析，但如果拿不准提出的可能性答案是否足以使被调查者表达自己的意见时，最好采用半限制式问卷，它使被调查者有可能避开选择给定的答案。

采用开放式问卷既可以让对方自由发挥，也会使他们感到比较自然，但由于答案不是标准化，在整理分析资料时要比限制式问卷费时、费力，而且这种方式要求被测评者有一定的文化水平，因此测评者必须根据问题的实际需要选用问卷的形式。

在具体的测评中，设计问卷时需要注意以下几个方面的要求。

（1）问卷的内容必须与测评的对象、目的相符合，这样才能在其中放入测评需要的项目。否则，问题太多容易引起被测者的厌烦。

（2）问卷形式的选择应依照经济、可靠和准确的标准，尽可能用限制式问卷，当然也需视问题的需要而定，但整个问卷测评过程不适宜安排太多的开放式问卷。

（3）措辞和语言要准确、通俗易懂，所问的问题要清晰、不含糊。

（4）注意问卷的次序，以引起回答的兴趣为原则，问卷的问题可按时间顺序，由远而近或由近而远，不可忽而近、忽而远；在内容上，可先问一般性内容，再问特殊内容，问题次序可从易到难，从熟悉到生疏。在类别上，同类问题要放在一起，一般来说可分为基本资料、行为资料和态度资料三种。

（5）整个问卷前面要有适当的说明和指示，以说明测评的目的、要求及保证保密等。如果问卷分为几部分，则必要时每部分中应有说明。

（二）利用访问

访问法是通过评价工作者与被测评者直接交谈而取得资料的方法。访问可以说是一种有目的的谈话，能根据事先设计好的问题进行，有时也可用电话交谈。利用访问法，需要遵循一定的步骤。

1. 全盘策划

在进行访问之前，首先要确定各方面的要素是否准备齐全，如所需要的人力和物力是否准备好。另外，还要认真地制订一个工作日程表，其中包括工作项目和完成时间。例如，选定访问对象、问题，确定访问员、工作安排等。访问员的确定应考虑其品质，也应考虑其性别、年龄及对被访者的影响等问题。

2. 接触受访者

在进行正式访问前，要向受访者说明访问的目的、意义、访问时间、地点等，并对来访者进行自我介绍，以便联系。需要格外注意的是，访问地点最好是中立性的地点或有单独的房间，这样才能确保访问获得理想的采访效果。

3. 正式访问

一名优秀的访问员善于与受访者建立良好的关系，在进行访问的过程中，能很好地控制自己的情绪，并认真记录好访问的内容。记录的方法可采用速记、缩记、简写或易于辨认的符号，但谈话时记录往往会分散交谈者的注意力，使他感到不安，所以有时可采用凭记忆记录的方法。访问最好使用两名访问员，即一名提问题，另一名用心记住，并在访问后予以记录。

访问员在访问的过程中不要紧张，要保持放松的心态，要事先熟悉需要问的每个问题，对访问者的回答作好心理上的准备；对每个问题应保持中立，不要以自己的感情影响受访者的回答。同时，访问员应具有平易近人、观察力强、说话易懂、不慌不忙、有耐心等品质。此外，访问员的服装应尽可能考虑受访者的社会地位等，避免穿得过于讲究，因为讲究的服装使被访者分散注意力，这样难以取得良好的访问效果。

（三）利用测量

测量法是对教育客观事物进行数量化的测定的方法，如对学生的学习能力、学业成绩、兴趣爱好、智商、品德及心情、情绪等方面的数量化测定，这种测定通常需要借助相应的量具。例如，测量学生的学习能力、学业成绩的量具是测验题；测量学生兴趣爱好、思想品德的量具是量表；测量学生心情、情绪的量具是仪器，即通过脉搏呼吸、血压、心跳、皮肤电和外部行为的表现来测定。由此可见，测验题、量表及仪器设备等均可作为测量的量具。

需要指出的是，所有测量都存在一定程度的误差，测量者的目标是尽可能提高精确度。特别是在教育测量领域，由于教育现象的复杂性和测量的间接性，其精确度无法与物理特性测量相媲美，误差是不可避免的。教育测量误差的来源除了测量对象、测试环境和测试人员，更主要的是测量工具，使用的测验题和量表很难将学生的知识、能力和思想没有遗漏地测量出来。学生在不同时间和情境下表现不同，教育测量能够控制的条件也有限。因此，在教育测量工作中，我们必须采取有效措施，科学地编制测验题和量表，合理地选择和控制测量对象及测试环境，科学地进行评分，以尽可能降低测量误差并提高测量精确度。同时，我们还需要严谨而周密地描述测量结果。

一般情况下，教育教学质量的测评通常采用效度和信度两个方面来检验测量的效果。

1. 效度测量

效度是指测量是否实现了预期的目的、是否达到了测量的效果。例如，一把尺子用来测量人的身高是很有效的，若拿来测量人的体重，那就无效了。又如测量学生的政治课成绩时，若试题很大程度上受学生的语文水平所影响，则这个政治测试的效度就不高了。在教育测量中，效度问题比在其他领域的测量中更为重要。这是因为在其他领域中，测量都是用一定的量具直接测量的，而且许多现象之间都具有函数关系，因此，一般都能测量到所要测量的特性，效度是极高的。

与一般的测量不同，教育测量有着自己独特的特点，这主要体现在以下三个方面。

首先，教育测量主要针对心理现象，只能通过测量具有可测性的外部表现（如言语或动作）来间接了解受测者的心理活动、心理特征或知识水平等。

其次，学生的心理活动、心理特征与其外部表现之间通常仅具有相关性，而非函数关系。因此，外部行为并不能精确地反映某种心理状态。

最后，教育测量的对象不是物体，而是具有主观能动性的人。人们可以有意识地调整自己的外部行为，隐藏自己的内心活动，这无疑增加了测量的难度。

因此，测量的效度问题非常重要，要引起高度重视。

2. 信度测量

信度是指测量的可靠性，即测试结果能否反映被测者的真实水平。若测试结果能反映被测者的真实水平，则说明测量的信度较高，或者说这种测试是可靠的。

在学校教育测量中，我们主要关注心理现象的测量，这些特性较难把握。为了准确地反映受测者的某种特质，我们需要更关注测量的信度，从而正确评估测量结果的价值。具有高信度的教育测量不仅能为教育工作者提供可靠的信息、为教育预测和决策提供依据，还可以帮助学生了解自己的实际情况，并使教师采取针对性的教学策略与方法提升学生的学习质量。

第三章
高校科研管理评价体系建设

高校科研管理作为一项实践活动，已存在很长时间。本章针对高校科研管理评价体系的建设，分别对高校科研评价体系的理论基础、高校科研评价体系的构建和实施进行详细介绍。

第一节　高校科研评价体系的理论基础

一、高校科研评价体系的相关概念

（一）高校科研

高校与科研院所都是国家知识创新的集中地，在不同的国家，科学的中心也有所不同。法国的科学中心在科学院，而德国的科学中心在大学。我国科研院所系统与高校系统并置是我国知识创新体系最明显的特点，即在高等教育系统之外设置一个科研院所系统，包括中国科学院、中国工程院等，主要承担与国家经济建设和社会发展有关的重大科研项目。科研院所系统和高校系统分属不同管理系统，形成并行发展之势。高校具有学科和人才方面的优势，积聚着巨大的科学技术潜力，是发展科学技术的重要基地。"高校科研是国家科研工作系统中的一员，同时也是高校工作系统中的一个子系统。"[①]从高校的性质出发，不难推断，高校科研除了具有一般科研的共同特性，还具有自身的独特性。其中，育人性，即通过科研促进人才培养的特性，是高校科研最为鲜明的独有特性。由此可见，高校科研既为当代科学与社会的

---

① 胡启俊. 管理科学与高校科研管理［M］. 北京：北京师范大学出版社，1988.

发展作着贡献，又为高校的学科建设与人才培养作着贡献。这里涉及的高校科研是指，高校全体师生员工在自然科学、技术科学、人文科学和社会科学领域中所开展的基础性研究（战略性基础研究、自由探索性基础研究）、应用性研究和开发性研究。

（二）科研评价

科研是一种系统性的活动，其价值的大小不仅取决于活动的结果（科研成果），还取决于活动的条件与活动的过程，因而评价科研活动，必然离不开对科研活动的条件及过程展开评价。鉴于此，这里所说的科研评价包括对科研活动的条件、过程及结果三个方面的评价，即科研评价涵盖科研条件评价、科研过程评价及科研成果评价。具体来说，科研评价是指一定的科研评价者依据一定的评价标准对被评价者所开展的科研活动条件（科研条件）、科研活动过程（科研过程）及科研活动结果（科研成果）进行价值判断与价值评定的活动。

（三）高校科研评价

高校是培养人才的地方，尽管高校也有科学研究的职能，但其根本属性是学校，根本职能是培养人才，因而高校开展的科研活动与科研院所和其他机关事业团体、集体或个人，以及中小学和幼儿园开展的科研活动有所差别。

与"科研评价"包含科研条件评价、科研过程评价和科研成果评价一样，"高校科研评价"也包含对高校的科研条件、科研过程及科研成果三个方面的评价，即高校科研评价包括高校科研条件评价、高校科研过程评价及高校科研成果评价三个方面。需要指出的是，由于我们的目的是以质量和创新为导向构建高校科研评价体系，而创新其实也是质量的一种表现方式，所以我们构建的高校科研评价体系实则是基于质量的评价体系。"质量"的基本含义是"事物、产品或工作的优劣程度"。高校科研评价是指，一定的评价主体依据一定的评价标准，对高校科研条件达到某种水平及满足高校科研活动顺利实施的程度，高校科研过程达到某种水平及满足预期科研计划实现的程度，高校科研成果达到某种水平而满足社会相关方面需求的程度及其促进人才培养、科技进步和社会经济发展的程度所进行的价值判断。

（四）科研评价体系

从字面意思上讲，科研评价体系是关于科研评价的体系或关于科研的评价体系，即用于评价科研活动时的一套评价体系。科研评价是对科研活动条件（科研条件）、科研活动过程（科研过程）及科研活动结果（科研成果）进行价值判断与价值评定的活动，涵盖科研条件评价、科研过程评价及科研成果评价三个方面。由此出发，本书指出，科研评价体系包括用于评价科研活动条件的评价体系、用于评价活动过程的评价体系及用于评价科研成果的评价体系三个层面的评价体系。本书将评价科研活动条件的评价体系、评价活动过程的评价体系、评价科研成果的评价体系分别简称为科研条件评价体系、科研过程评价体系、科研成果评价体系。无论是科研条件评价体系、科研过程评价体系，还是科研成果评价体系，都分别包含各自的评价指标体系、评价指标权集及评价标准体系三个部分。科研评价体系是一个涵盖科研条件评价体系、科研过程评价体系及科研成果评价体系三个体系或系统的大体系或大系统，其中，科研条件评价体系、科研过程评价体系和科研成果评价体系各自都由相应的评价指标体系、评价指标权集及评价标准体系三部分组成。

（五）高校科研评价体系

高校科研评价体系兼有关于高校科研的评价体系和关于高校的科研评价体系之意。高校科研评价体系是关于高校全体师生员工在自然科学、技术科学、人文科学和社会科学领域中开展的基础性研究、应用性研究和开发研究的评价体系，是在对高校科研的本质特征进行广泛调查和深入探讨的基础上，抽取有关影响高校科研条件、科研过程及科研结果的典型的、本质的特征，进而制定的一整套适用于一定范围的、统一使用的高校科研的评判依据，包括评价高校科研条件的一套评判依据、评价高校科研过程的一套评判依据和评价高校科研成果的一套评判依据。简单地说，高校科研评价体系是指对高校全体师生员工开展一切类型科学研究的条件、过程及结果进行价值判断与价值评定时的一整套依据，是由高校科研条件评价体系、高校科研过程评价体系和高校科研成果评价体系有机构成的一个价值判断体系或价值评定体系。其中，高校科研条件评价体系、高校科研过程评价体系和高校科研成果评价体系各自均由相应的评价指标体系、评价指标权集及评价标准体系三个部分组成。

二、构建高校科研评价体系的逻辑依据

构建高校科研评价体系的逻辑依据是什么呢？所谓逻辑依据，是指逻辑层面的依据，拿构建高校科研评价体系来说，其逻辑依据主要有两个方面：其一，在构建高校科研评价体系的过程中，我们应该依据什么来选取高校科研评价体系中相应的评价指标？依据什么来确定各评价指标的权重？依据什么来确定高校科研体系中相应的量化评价标准？这些是关于构建高校科研评价体系内容的逻辑依据（简称构建高校科研评价体系的内容依据）。其二，我们应怎样选取高校科研评价体系中相应的评价指标？怎样确定各评价指标的权重？怎样确定高校科研体系中相应的评价标准？这些是关于构建高校科研评价体系方法的逻辑依据（简称构建高校科研评价体系的方法依据）。本节将着力阐释这两大逻辑依据。

（一）内容依据

由于高校科研评价体系的内容主要有指标体系、指标权重体系（指标权集）、评价标准体系，加之科学、合理的高校科研评价体系必然不能违背教育理论、教育实践、教育政策，因而本书在此将立足于指标体系、指标权集、评价标准体系三维视角，从教育理论、教育实践及教育政策三个层面探寻构建高校科研评价体系的内容依据。

1. 教育理论层面

理论是实践的指南，与构建高校科研评价体系这一实践密切相关的理论主要来自高等教育学、高等教育管理学、教育评价学、教育测量学、教育统计学、教育经济学等学科及已有的相关研究成果。全面审视已有相关理论可知，它们对构建高校科研评价体系实践的指导集中体现为以下几个原则。

一是针对性原则。任何一套评价体系都是针对一定评价对象的某方面本质特征（或本质属性）而言的，这些本质特征或本质属性就是评价的目标。"评价指标是根据评价的目标，由评价指标的设计者分解出来的，能够反映评价对象某方面本质特征的具体化、行为化的主要因素……指标是目标的具体化和操

作化，是操作化了目标。"①可见，任何一套评价指标体系都是根据评价的目标而逐步分解而来的，都是围绕一定评价对象的某方面本质特征而设计的，具有明显的针对性。指标权重，也叫指标权数，是反映各项指标在评价指标体系中重要程度的量数。研究表明，"根据评价对象的历史条件和环境条件，适当地调整某些指标的权数，就能引导人们重视工作中的某些薄弱环节，便于人们在工作中抓重点、抓关键，区分主次、轻重缓急，集中精力抓好主要工作"②。评价标准是评价一定评价对象的某方面实际达到相应指标程度的具体要求，反映评价指标体系中相应末级指标对应评价项目的状况，清晰指明一定评价对象某方面的优劣水平及努力方向。不言而喻，构建高校科研评价体系时，无论是拟定相应的评价指标，还是拟定各项评价指标的权重，或是拟定各项末级指标的评价标准，都应具有一定的针对性。

二是指导性原则。毋庸置疑，任何一套评价体系的各级指标及其相应权重和末级指标的评价标准都是针对一定评价目标而拟定的。之所以拟定相应的指标、权重及评价标准，既是为了判断一定评价对象某方面本质特征的价值，也是为了引导一定的人群朝向某一方向发展。可见，评价体系具有明确的定向指导作用。针对高校科研构建评价体系，既是为了评价高校科研的状况，也是为了给高校师生员工指明具体的奋斗目标与努力方向。显然，构建高校科研评价体系时，务必要把握好评价体系的指导作用，千万不能随意拟定指标、权重及评价标准。

三是公平性原则。由于评价具有价值判断的作用，因而评价体系的指标体系、权重系统及评价标准不同，最终得出的有关评价对象某方面本质特征的价值判断就会有别。由此可见，评价体系的指标及其权重和末级指标的评价标准是否能够被科学合理地拟定，直接关系到评价结果的公平与否。为此，在拟定高校科研评价体系的指标、权重及评价标准时，务必充分考虑到不同类型、不同层次高校的特殊性，针对不同类型、不同层次的高校，设计具有相对弹性的指标、权重及末级指标的评价标准，以尽量保证评价结果的公平。例如，为了公平地评价研究型高校和教学型高校的科研状况，在拟定高校科研评价体系时，可以设计一定数量的弹性指标，有差别地评价研究型高校和教学型高校；

① 黄光杨. 教育测量与评价［M］. 上海：华东师范大学出版社，2012.
② 黄光杨. 教育测量与评价［M］. 上海：华东师范大学出版社，2012.

还可以针对研究型高校和教学型高校,对同一指标尤其是同一末级指标设定不同的权重,甚至可以针对研究型高校和教学型高校,对同一末级指标拟定有差别的评价标准。

四是客观性原则。前已述及,任何一套评价体系的各级指标及其相应权重和末级指标的评价标准,都是针对一定评价目标而拟定的,具有显著的主观性。这种主观性的存在,无疑会降低评价结果的信度与效度。为了保证评价结果具有较高的信度与效度,在构建评价体系时,务必保证评价体系的指标及其权重和末级指标的评价标准体系尽可能客观反映一定评价对象的本质特征。为此,在构建高校科研评价体系时,应尽可能从当下高校的客观实际出发,在广泛、充分调研的基础上,实事求是地拟定相应的指标、权重和评价标准。

五是统一性原则。一般来说,评价指标体系是通过逐级分解评价目标而来。尽管评价指标之间具有一定的层级性,但它们最终都是指向同一评价目标的。为此,在拟定高校科研评价指标体系时,要确保指标内涵的一致性,要确保评价指标与评价对象或评价目标的一致性,要确保下一层级的评价指标与上一层级的评价指标(评价对象或评价目标)保持一致。

六是科学性原则。所谓科学性原则,是指在构建高校科研评价体系的过程中,既要以一定的科学理论作指导,又要以一定的科学思维方法着手实施,确保评价体系具有较高的信度与效度。具体来说,在拟定高校科研评价体系的指标体系及其权重系统和末级指标相应的评价标准的各个环节中,都应符合科学要求,力求指标体系及其权重系统和相应的评价标准能反映教育方针与教育政策、能反映高等教育的基本规律与高校科研的本质特征、能反映高等教育的客观现实与高校科研的客观实际。此外,务必确保评价指标体系中各项指标之间不相互矛盾,同一层级上的指标之间相互独立、互不包含,下一层级指标能完整地反映上一层级指标,进而使整个指标体系能完整地反映总体评价目标或评价对象。

2. 教育实践层面

纵观国内外有关高校科研评价实践发现,尽管迄今尚无公认的高校科研评价体系,但国内外都存在评价一般科研或评价高校科研的多种评价体系。比如,国家自然科学奖评价指标体系、国家最高科学技术奖评价指标体系、国家技术发明奖评价指标体系、国家科学技术进步奖(技术开发项目)评价指标体系、国家科学技术进步奖（社会公益项目）评价指标体系、国家科学技术进步奖（国家安全项目）评价指标体系、国家科学技术进步奖（重大工程项目）评价指标体系、国家科学技术进步奖（科普项目）评价指标体系、中华人民共和国国际科学技术合作奖评价指标体系、国家"973 计划"项目中期评估评议表及国家"973 计划"项目验收评价体系、武书连中国大学排名指标体系等。此外，还有我国各所高校自行制定的有关科研的评价体系。尤其值得一提的是，除了上述国家或集体层面制定的有关科研评价体系，还有某些学者研制的有关科研或高校科研的评价体系。例如，周文泳、钟灿涛、尤建新从科研管理的视角构建了"支持改进的科研质量评价模型及其构成要素"[①]；马哲伟从我国高校实际出发，对高校科研项目、重点实验室、工程技术研究中心、中小企业服务中心、大学科技园、人文社会科学重点研究基地、产学研合作、科研成果、学报成果、科研队伍、大学生科研能力、科研经费、科研水平等方面评估的意义（作用）、原则、内容、程序和方法逐一进行过阐述并构建过相应的评价指标体系。通过审视以上所述评价体系，我们认为，虽然它们各自存在不同程度的局限性，但它们都接受过评价实践的检验且被证明具有一定的科学性、合理性与可行性。显然，在拟定高校科研评价体系时，一方面可以借鉴或吸收国内外现行的一般科研评价体系中合理的指标及其权重与评价标准，另一方面还可以借鉴或吸收国内外现行的高校科研评价体系中合理的指标及其权重与评价标准。

3. 教育政策层面

从高校与政策的关系看，我国高校的发展历来都为教育政策所制约。所谓教育政策，是指在一定的历史时期，国家或政府等权力机关或政党组织等政治团体，为了全面提升教育质量而以语言文字等表述形式对教育目标、教育资源、教育权利、教育机会、教育制度等作出的相应规定。不难推断，作为高校主要活动之一的科研活动，其发展问题必然为教育政策所规约。近年来，随着高校科研的价值及贡献日渐凸显，政府对高校科研的投入持续增加。与此同时，为了从高校科研活动中获得更大的收益与回报，政府通过教育政策的形式对高校科研成效提出了直接或间接的要求。不言而喻，有关教育政策对高校科研成效提出的要求，其实就是构建高校科研评价体系的重要依据。

---

① 周文泳，钟灿涛，尤建新. 科学研究质量改进理论与方法［M］. 北京：化学工业出版社，2012.

在构建高校科研评价体系时，无论是在指标体系的拟定上，还是在权重系统的拟定上，都应凸显高校在基础性研究、高新技术研究、教学研究、学科建设研究及产学研一体化研究等方面的科研质量与科研创新水平。《关于改进科学技术评价工作的决定》中指出：科学技术评价要根据不同层次、不同类型的科学技术活动的特点，确定不同的评价目标、内容和标准；要重点评价具有代表性的突出成绩和典型事件；科技产业化的评价以产品的技术先进性和创新性及其未来的产业化水平和发展前景为主要评价标准；科技评奖应以是否具有重大科技创新、重大技术进步，阐明自然现象、特征和规律，作出重大科学发现，以及在相应领域、学科内产生影响等实质性的价值标准作为重要指标；不能仅看 SCI、EI 等收录的论文数量，要注重评价科学论文的质量，强调论文的被引用情况，并根据不同学科领域区别对待，避免绝对化；加强科学道德建设，反对任何形式的学术不端行为。为此，在构建高校科研评价体系时，务必设计某些指标，并以不同权重体现不同层次、不同类型高校的科研特点；将高校科研领域中的代表性成果及典型业绩纳入高校科研评价体系之中，并适当增加其相应指标的权重；科技成果转化方面的指标应以产品的技术先进性、创新性及发展前景为主，并适当增加相应指标的权重；在科技成果奖项评价上，应突出科技成果在重大科技创新、重大技术进步、基础理论积淀、重大科学发现及相应学科和社会领域中的重大影响等方面的指标及其权重；应将 SCI、EI 等数据库收录的论文纳入高校科研评价体系之中，要关注其数量指标，更要关注其质量指标，并且要在相应指标及其权重上反映所有论文的引用与转载情况；要将科研诚信、科研品格等科研伦理纳入高校科研评价考核中来，并以相应的指标及权重反映高校的科研伦理素质。

（二）方法依据

纵观国内外有关评价体系（包括评估体系、评价或评估指标体系、评价或评估方案）的研究成果，不难发现，尽管不同类型的评价体系因其评价对象与评价目标的不同，而有不同的指标体系及权重系统与评价标准体系，但从其构建的方法上看，却基本一致。不难推断，这些基本一致的构建方法必定能够用来指导高校科研评价体系的构建，即已有评价体系的构建方法可作为构建高校科研评价体系时在方法层面的依据。具体而言，这一方法层面的依据主要体现在如下几个关键环节上。

1. 明确评价目的

评价体系是指出于评价某种事物的目的与需要,在对该事物的本质特征进行广泛调查与深入研讨的基础上,抽取其中具有典型性的本质特征而制定的一套适用于一定范围的评判依据。显然,任何评价体系都是基于一定的评价目的而构建的,明确评价目的是构建高校科研评价体系的首要环节。

2. 明晰评价对象

评价对象也称评价目标,是评价的客体。明晰评价对象,就是解决评价什么或评价谁的问题。评价体系是用来评价一定评价对象某方面本质特征的价值的,因而评价体系必然围绕评价对象构建而成。可见,明确评价对象是构建评价体系的前提与基础,评价对象越明晰,构建评价体系也就越容易。对于高校科研评价体系来说,其评价对象理应是高校科研。显然,要想构建一套科学、合理的高校科研评价体系,必先明晰高校科研的内涵与外延。

3. 初拟评价指标

评价指标是根据构建评价标准的目的,以评价对象为目标,并逐层分解评价对象,用来"反映评价对象某方面本质特征的具体化、行为化的主要因素"。评价指标是对评价对象的某方面本质特征进行价值判断的依据,其中,每一个指标只能反映评价对象的某个局部特征,指标体系(按评价对象本身的逻辑结构,将处于各层级的全部指标进行排列所得到的指标集合)才能反映评价对象某方面的总体特征。值得一提的是,评价对象的内涵通常比较复杂,需要进行多层级分解,才能使最后分解出来的指标(末级指标)可以测量。一般来说,指标体系分解到第三级就够了。根据构建评价体系的目的,可将评价对象分解为多种类型的指标。例如,我们可以根据高校科研成果类别的不同,分别将相应指标归为硬指标和软指标。所谓硬指标,是指达标要求是固定而精确的指标,如获奖情况、项目情况、专著及论文的数量等;所谓软指标,是指达标要求伸缩性较大、相对模糊的指标,如科研成果产生的社会效益。当然,还可根据评价指标本身的特点将它们分别归为条件性指标、过程性指标及效果类指标。

4. 筛选评价指标

一般来说,初拟指标还需要进一步筛选,方能作为评价指标体系的一部分。

其原因主要有二：其一，在各层级初拟指标中，有的初拟指标能反映评价对象的本质，有的初拟指标则并非如此；其二，有些初拟指标之间出现了交叉、重复、包含、矛盾及因果关系，理应进行归类、合并或舍弃。

筛选多层级初拟指标的方法主要有经验法、专家会议法和调查统计法三种，其中，经验法是指评价指标的设计者根据自己的学识水平与工作经验筛选初拟指标的方法；专家会议法是指相关专家在集体探讨的基础上筛选初拟指标的方法；调查统计法是指在调查统计的基础上筛选初拟指标的方法。这三种筛选指标的方法各有优缺点，在构建高校科研评价体系时，可以将它们结合起来。

5. 确定指标权重

指标权重是反映一项指标在评价指标体系中重要程度的量数，常用小数、整数或百分数等形式表示。对于多层级评价指标体系来说，应针对每项评价指标分配权重，以确定其相对重要性的程度。不过，值得指出的是，有时为了方便表达，可在一套评价体系中仅列出末级指标的权重。研究表明："根据评价对象的历史条件和环境条件，适当地调整某些指标的权数，就能引导人们重视工作中的某些薄弱环节，便于人们在工作中抓重点、抓关键，区分主次、轻重缓急，集中精力抓好主要工作。"[1]为此，在拟定高校科研评价体系中相关指标的权重时，可以适当增大或减小某些指标的权重，以促进高校科研质量与水平的提升。

6. 设计评价标准

此处所说的评价标准是指针对一定评价对象某方面的本质特征提出的标准。具体来说，此处的评价标准是指针对每项评价指标的分类作出的具体规定、提出的具体要求和说明。它是衡量评价对象达到评价指标要求的尺度，对什么是好、什么是较好、什么是一般、什么是差等作出的明确具体的描述和规定。一般来说，评价标准可分为效能标准、职责标准和素质标准。其中，效能标准是关于工作效果和效率的评价标准，职责标准是关于承担职责或任务的评价标准，素质标准是关于应备条件的评价标准。在构建高校科研评价体系时，应该针对每项指标所反映的具体内容设计相应的评价标准。

---

① 黄光杨. 教育测量与评价［M］. 上海：华东师范大学出版社，2012.

7. 设定评价标度与等级

评价标度简称标度，是指评价对象某方面本质特征达到标准的程度。标度既可以用描述性的语言表示，又可以用量化形式表示，设定标度是为了说明什么样的程度属于什么等级。为了精确评价一定对象的某方面本质特征，通常将评价标准设定为多个等级。关于设定等级的数量，心理学的相关研究表明，评价标准的等级一般为 3～5 个。当然，到底设定多少等级为宜，还得依据具体实际来确定。

8. 检验评价体系的信度和效度

从评价体系的性质与作用看，评价体系可以看成是一套量表。与一般量表需要检验其信度和效度一样，对于初步构建的评价体系，必须检验其信度和效度，信度和效度是衡量评价体系质量的重要尺度。由此可见，对构建而成的高校科研评价体系，必须检验其信度和效度。

9. 完善评价体系

毋庸置疑，如同所有初步构建而成的评价体系一样，初步构建而成的高校科研评价体系不一定符合当下实际，需要进一步征询意见，并在实践中加以测试、验证、修改，并在此基础上逐步完善。例如，用初步构建的高校科研评价体系测量几所典型高校的科研体系，看其是否能够客观公正地评判并反映这几所高校的科研状况。

10. 编制评价表

评价表是指以表格形式将评价体系中各层级评价指标、各项指标权重及评价标准（含评价标度与等级）等内容直观显示出来的一种表格。为方便使用，评价表中往往还专设一栏"评价结果"，其目的是供评价者填写各项评价指标的得分或等级。同理，为方便使用，最后还需要将完善后的高校科研评价体系编制成高校科研评价表。

三、构建高校科研评价体系的理论依据

（一）系统理论

系统是指"同类事物按一定的关系组成的整体"，构成系统的同类事物（各个要素）之间相互联系、相互作用，从而使系统具有一定的结构与功能。系统

与构成系统的各个要素之间是整体与部分的关系,它们也相互依存、共同作用。其主要表现为:一方面,系统对其各个构成要素具有支配性,即系统的本质属性与特有功能制约着各个构成要素的属性与功能;另一方面,系统对其各个构成要素具有依赖性,即各个构成要素是系统存在的基础,各个要素的变化必然会引发系统的变化。值得指出的是,构成系统的各个要素对于系统本身的重要程度是存在差别的,即有些要素对于系统的组成结构与功能作用来说显得更重要些,而有些要素对于系统的组成结构与功能作用来说显得次要些;而且各个构成要素之间本身还有层次之分,即有些构成要素还是由其他几种构成要素构成的。为此,在遴选评价指标时,应该运用系统的思维与方法,根据评价对象的属性、结构、功能及发展变化情况对相应指标予以取舍,提炼出主要的、决定性的指标。构成系统的各个要素不是杂乱无章地拼凑在一起,而是按照某种序列结构与理论逻辑组成一个相互作用的有机整体。系统的整体功能通过各个构成要素的内在联系和作用体现出来,若各个构成要素在相互作用过程中具有合理的结构与良好的状态,则系统的功能在整体上就会得到充分发挥;若某个构成要素残缺,则整个系统会出现结构失调、时序倒置、机制紊乱、功能低下等问题,甚至整个系统会分崩离析。

高校科研评价体系是由高校科研条件评价体系、高校科研过程评价体系和高校科研成果评价体系组成的有机整体,是一个具有特定结构与功能的复杂系统。系统理论无疑可以为我们分析高校科研评价指标体系、评价指标权集和评价标准体系,以及指导高校科研评价指标体系、评价指标权集和评价标准体系的构建提供理论基础。高校科研评价体系有什么样的系统结构,就必然表现出相应的系统功能。高校科研评价体系的结构规定、制约着高校科研评价体系功能的性质和水平,限制着高校科研评价体系功能的范围和大小。不言而喻,高校科研评价体系的结构与功能的系统原理,可以为我们认识和完善高校科研评价体系提供非常宝贵的理论和方法。

(二)利益相关者理论

利益相关者理论最早是由哈佛法学院学者梅里克·多德提出来的,在 20世纪 60 年代左右逐步得到发展。20 世纪 90 年代之后,利益相关者理论逐渐获得应用与推广。该理论认为,由于利益要求不同,不同利益相关者对同一评价对象会产生不同的关注点，进而得出不同的结论，在管理过程中，管理者理应为综合平衡各个利益相关者的利益要求而进行管理活动。

利益相关者理论可以为我们构建高校科研评价体系提供理论支持，依据利益相关者理论，可将高校的利益相关者分为四类：一是主要的社会性利益相关者，他们具备社会性和直接参与性，如高校教师、高校管理者；二是次要的社会利益相关者，他们通过社会性的活动与高校形成间接关系，如政府、科研院所等；三是主要的非社会利益相关者，他们对高校有直接的影响，但不作用于具体的人，如与高校所处的地理环境与人文环境直接相关的团体与个人等；四是次要的非社会利益相关者，他们不与高校有直接的联系，也不作用于具体的人，如社会中介评价组织、民间团体等。高校具有众多的利益相关者，不同的利益相关者关心的内容和侧重点有所不同，在选择特定的利益相关者作为高校科研评价主体时，应根据特定利益相关者的利益要求特点设计评价体系。

（三）3E 理论

高校科研评价体系是一个复杂的系统，其中包含着诸多文化、政策及人类行为等软因素，因而可以借鉴软系统方法论（Soft System Methodology，SSM）对其进行分析。SSM 是由切克兰德教授等人从系统的角度提出的一种认知和处理复杂问题的方法，他们认为 SSM 可以在逐级深入地分析和理解系统所面临的复杂环境和问题基础上，提出逻辑合理且现实可行的解决方案。目前，SSM 理论逐渐成为一种解决复杂问题的有效手段。例如，专家运用 SSM 分析了如何提升人力资源管理效果，并给出了改进建议；另有人借鉴 SSM 分析流程，对公共科研机构不同层次利益相关者的需求和目标、组织机制及外部社会环境进行了系统性分析，为公共研究机构在当前社会背景下如何实现科技发展长远目标提供建议；还有专家采用 SSM 分析了如何提高英国国家卫生系统的服务表现。SSM 认为，任何一个分析（评价）对象都可以从三个问题——为什么做（R）、做什么（P）和怎么做（Q）入手，逐级展开系统分析。同时，任何系统都可以从产出（E1：Efficacy）、效率（E2：Efficiency）和效果（E3：Effectiveness）三个维度进行监控。其中，E1 衡量系统自身产出，E2 反映系统对资源的利用状况，E3 衡量系统产出对上级系统目标的贡献。本文所提及的 3E 理论指的是切克兰德教授提出的 3E 监控观念，即产出（Efficacy）衡量系统本身的产出，效率（Efficiency）反映系统对资源的使用状况，效果（Effectiveness）体现系统产出对上级系统的影响。

本书主张，3E 理论可作为建立高校科研评价体系的理论依据，这是因为高校科研投入与产出转化过程的成效可以通过 E1、E2 和 E3 来分别评估。具体而言，E1 与 P（做什么）关联，评价高校科研直接产出或新增产出，如论文发表、著作出版、项目获得、人才培养等；E2 与 Q（怎么做）关联，关注是否能在最少资源或最短时间内获得更多产出，如人均论文数、人均专利数、人均获得经费数等；E3 与 R（为什么做）关联，关心科研产出是否与上级决策或管理部门的价值导向一致，如论文发表、专利获得是否具有创新性和影响力，是否能提升科技竞争力及推动国家经济发展等。

基于 SSM 系统分析和 3E 理论构建高校科研评价指标体系的方法具有五大特征：第一，逐层分析评价对象内部功能与外部环境、发展战略与评价目标、不同层次利益相关者需求，以构建评价体系；第二，从不同层面、不同评价维度挑选的评价指标相互支持、互补，形成一个逻辑严密的评价指标体系；第三，最终确立的评价指标能满足科研评价系统需求，且具备足够的操作性；第四，各个评价指标的内涵定义相对明确；第五，评价指标既适用于诊断性评价，也适用于排序性评价，特别是，基于此的评价结果更具目标性、系统性、透明性和可比性。

第二节　高校科研评价体系的构建

一、高校科研评价指标体系的构建

评估指标系统是评估体系的关键组成部分。在建立高等教育科研评估体系时，首要任务是构建高等教育科研评估指标系统。评估指标是表现评估对象特定方面本质特性或特点的具体、行为化的主要要素，为评估对象的价值判断提供依据。评估指标系统是一套有机结合的评估指标集合，能够根据研究主体和目标全面呈现研究对象的各个方面情况。构建评估指标系统的关键在于寻找一组具有典型代表性且能全面展现评估对象整体特性的特征指标，接下来我们将重点阐述高校科研评估指标系统的建立思路与实施过程。

（一）构建思路

构建评估指标系统的过程相当复杂，通常涵盖指标系统的初步选择和筛选两个阶段，其中，初步选定指标系统的直接方法通常包括分析法、综合法、交叉法、指标特性分组法等。综合法是将现有的若干指标集按照一定的标准进行分类、使其形成系统化的方法，适用于对当前评估指标系统的优化与发展。交叉法是通过二维、三维或多维交叉，派生出一系列指标，构建指标系统的方法。指标特性分组法是一种指标系统的结构化方法。由于统计指标本身具有许多不同特性和表现形式，在初选评估指标系统时，指标特性可能是不一致的。因此，在初选评估指标系统时，也可以从指标特性的角度构建系统中的指标组成。分析法将综合评估指标系统的度量对象和目标划分为若干个不同的组成部分或方面，逐步细化，明确评估的总目标与子目标，逐层细分，直至每个目标都可以用一个或几个明确的具体统计指标来描述和实现，最后设计出每个子层次的指标。由于我国迄今尚缺少较为系统的高校科研评价指标体系，因而难以用以上几种方法直接初选指标体系，进而初拟高校科研评价指标体系，一般多运用文献法、逻辑思辨法、专家咨询法及头脑风暴法等初选指标的方法初选高校科研评价指标体系。

筛选指标体系的方法主要有经验法和调查统计法，其中，经验法是指由指标体系的设计者根据自己的学识水平和实践经验，对初选的指标体系进行筛选；调查统计法是指通过调查获得相应的资料之后，再运用统计的方法对所获资料进行处理，进而达到筛选指标体系的目的。经验法的具体做法是：先把初拟指标制成问卷，然后发给有关专家和有经验的教育工作者，请他们对初拟指标的每一项作出判断，最后由指标体系的设计者将低于某数值的指标删去（一般以低于三分之二或四分之三处作为标准）。由于经验法主要凭指标体系设计者自身的经验筛选指标，其科学性和客观性明显不足，所以本书在此将主要阐述运用调查统计法筛选高校科研评价指标体系的过程及结果。

就构建高校科研评价指标体系的整体思路而言，我们的基本做法是：首先，广泛阅读相关文献，并在阅读文献的基础上，提炼出有关高校科研的评价指标；其次，运用头脑风暴法补充已有文献中尚未提及的某些有关高校科研的评价指标；再次，在逻辑思辨的基础上初拟一套高校科研评价指标体系，再在广泛征询有关专家意见的基础上，初选出一套高校科研评价指标体系；最后，通过问卷调查与统计，筛选出一些关键特征指标，并在此基础上确定高校科研评价指标体系。高校科研评价指标体系的构建思路如图 3-2-1 所示。

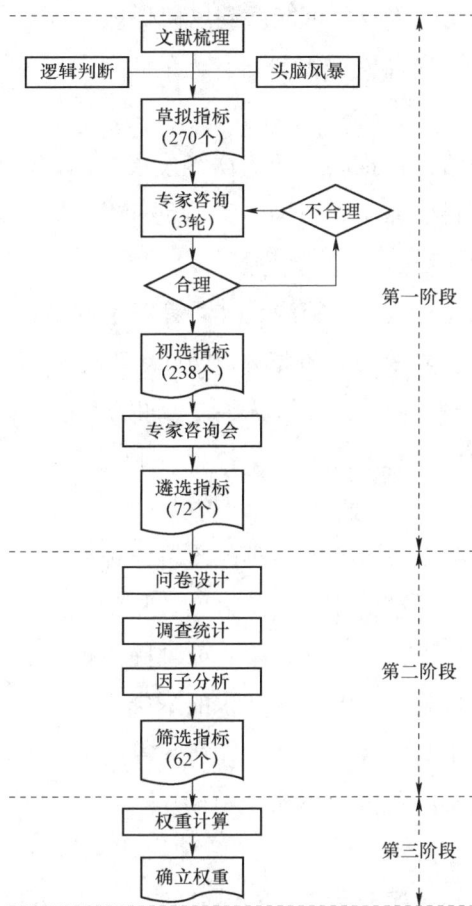

图 3-2-1　高校科研评价指标体系构建思路图

（二）构建原则

高校科研评价指标体系的构建原则是指构建高校科研评价指标体系时所依据的准则或标准，从高校科研的本质属性出发，本书认为在构建高校科研评价指标体系时应该遵循以下原则。

1. 教学性原则

尽管科研是高校的基本职能之一，但高校的根本职能是通过教学培养人才，因而高校开展的科研不能完全脱离培养人才这一高校的根本责任与使命，这是高校科研与科研院所科研最大的区别。对于高校来说，尽管不需在每一科研活动的每一环节都要体现科研的育人使命，但总体上应该牢记自己的根本使命是育人，在科研活动中，应尽可能做到以研促教。为此，构建高校科研评价体系时，理应凸显其引导高校重视科研育人的责任与使命。

2. 导向性原则

进行高校科研评估旨在推动高校走内涵发展之路，构建高校科研评估体系应关注引导高校提高科研品质、致力于科研创新。

3. 系统性原则

高校科研涉及人员、资金、资源、时间等多个方面，构成要素众多，各种要素相互作用形成一个复杂的有机整体。因此，在构建高校科研评估指标体系过程中应采用整体视角，全方位地考察各要素间的互动及影响。在指标选择上，应围绕评估目标，确保信息的完整性、准确性和可靠性。

4. 科学性原则

从教育评估学角度来看，高校科研评估是一种科学研究活动，其评估体系的构建应遵循科学研究活动的规律。一方面，科学、公正、透明、高效的评估指标体系应基于对评估目标、目的、评估对象特性和评估内容的分析，在与决策者、评审专家和各利益相关者达成共识的基础上建立；另一方面，在评估指标体系的选择上应注重科学性、合理性，确保各指标间不产生交叉或重复。此外，评估体系应符合实际且能承受实践检验。

5. 可测性原则

高校科研评估指标无疑必须具备可收集、可量化、可比较的特性，才具有评估效用。这要求我们在构建评估指标体系时，应尽量将抽象的概念指标转化为相对具体的可操作指标。另外，评估指标体系构建的方法应简便、直观和实用，评估过程的可靠性和评估结果的信度应得到有效保障。

6. 借鉴性原则

尽管我国高校科研的目的与意义、条件与结果、价值与功能等与国外高校科研有着诸多不同，但从评价的视角看，国外高校科研评价体系的发展性是值得借鉴的。因此，在构建我国高校科研评价指标体系时，我们也应该注重那些能够促进高校科研发展的指标。

二、高校科研评价指标权集的构建

由于高校科研评价指标体系不仅含有多级评价指标，而且每级评价指标都含有多维评价指标，且每个维度的评价指标还含有多项评价指标，因而必须针对每项评价指标分配权重，以确定每个项目评价指标在高校科研中的相对重要性。

（一）高校科研评价指标权集的确定方法

从目前的情况看，确定评价指标权重的方法主要有关键特征调查法、两两比较法、专家评判平均法和倍数比较法等四种。其中，关键特征调查法就是先请被调查者根据各自的想法，从初拟指标中找出最关键、最典型的指标，再对指标进行筛选并求出其权重的方法；两两比较法是逐级、逐项地对指标进行比较，并加以评分，重要者记 1 分，次重要者记 0 分，然后分别计算各指标得分之和，再除以所有指标得分之总和；专家评判平均法是指将筛选后的指标体系提供给专家，分别请专家评判其权重，然后以专家评判结果的平均数作为各指标权重；倍数比较法则是指在筛选后的指标体系中，针对每一级指标，以其指标中重要性程度最小的指标为基础，记 1 分，然后将同级指标中的其他指标与它比较，作出重要性程度是它多少倍的判断，再经归一化处理，即可获得该级各项指标的权重，依此类推，直到获得各级指标中的各项指标的权重为止。由于高校科研评价指标体系比较庞大，采用后三种方法确定其权集的难度相当大，故本书选择了关键特征调查法，并配合统计学中的因子分析法，来确定高校科研评价指标权集。

（二）高校科研评价指标权重的计算模型

在运用因子分析法来确定评价指标权重的过程中，需要考虑以下几个方面的权重问题：二级指标在一级指标上的权重、三级指标在二级指标上的权重和三级指标在一级指标上的权重。

首先，由于一级指标包含科研条件、科研过程和科研成果，由 11 个主因子构成二级指标，因此，只要计算出各个因子的权重，通过对同一维度因子权重的简单加法运算即可获得一级指标的权重。

计算公式（1）如下：

$$A_j = \sum_i^i A_{ij}$$

其中，A_j 为一级指标权重，A_{ij} 为 A_j 所包含的二级指标的权重，也是其对应因子的权重。

其次，接下来的问题就是如何确定二级指标权重。由于方差贡献率的概念所表达的含义是主因子对总目标贡献程度，因此，可以通过对主因子方差贡献率进行归一化处理来获得各二级指标的权重。

计算公式（2）如下：

$$A_{ij} = \alpha_i / \sum_{i=1}^{11} \alpha_i$$

A_j 为对应于 A_{ij} 的因子的方差贡献率的标准化值，公式表示对各因子方差贡献率的归一化处理，获得的值即对应二级指标的权重。

再次，我们需要考虑的是三级指标，即各主因子包含的具体项目（变量）在二级指标中的权重。根据因子分析法的基本原理，通过数学变换得到的因子得分系数矩阵能将主因子表示为其包含的各个变量的线性组合。因此，依据因子得分系数矩阵，可以建立各主因子与其包含的各变量之间的线性回归方程。回归方程中自变量的回归系数，即因子得分系数，表现了自变量变化对因变量的影响程度。因此，对回归系数进行标准化处理，便可得到各自变量在其主因子上的权重值。

计算公式（3）如下：

$$B_i = \beta_i / \sum \beta_i$$

β_i 表示各三级指标相对于其二级指标的权重值，β_i 则表示因子得分系数的标准化值，公式左边可理解为对各因子所对应指标的得分系数的归一化处理。

最后，三级指标在一级指标上的权重的确定，可以根据各二级指标（主因子）在一级指标上的权重，以及其所包括的三级指标（各变量）在该主因子上的权重的乘积来确定。

计算公式（4）如下：

$$W_i = A_{ij} \times B_i$$

W_i 表示三级指标最终的权重值，即由二级指标的权重 A_{ij} 与三级指标相对于二级指标的权重 B_i 的乘积表示。

三、高校科研评价标准体系的构建

在高校科研评价实践中，评价指标体系、评价指标体系的权重集（指标权集）和评价标准体系是一个有机整体，三者缺一不可。为了将上述高校科研评价指标体系及其权集运用于高校科研评价实践之中，必须构建一套与上述高校科研评价指标体系及其权集相应的评价标准体系。评价标准体系是关于某一评价对象的所有评价标准的有机整体。所谓评价标准，是指评价被评对象的某一方面实际达到指标程度的具体要求。根据被评对象达到指标程度（简称达标程度）的不同，可将达标程度分为不同等级，不同等级的达标程度对应着不同的评价标准。

（一）高校科研条件评价标准体系

高校科研条件评价标准即评价高校科研条件的标准，是对高校科研条件达到某种水平及满足高校科研活动顺利实施程度的价值判断。高校科研条件在一定程度上反映了高校科研的规模与能力，科研人才、科研基地、学科与学位点等是高校重要的科研条件，下面将分别构建其相应的评价标准。

1. 科研人才的评价标准

科研人才是科研活动的主体，高校科研人才水平的高低决定着高校科研水平的高低。科学技术要发展，人才是关键。对于高校科学技术的发展、进步，科研人才是决定因素。科研人才是一所高校综合科研能力的体现，也是衡量一所高校学术水平的重要标志。科研人才的素质直接关系到科研活动的深度和广度，影响到体现科学技术发展的水平与效益的科研活动，这需要科研人才队伍有良好的来源，能源源不断培养、补充优秀科研人才。建立一支具有良好的科研业务能力、结构合理、相对稳定的科研人才队伍，是科研活动的基础。高校科研人才队伍水平决定着科研活动的效果，决定着高校的学术地位和综合实力。决定高校科研质量与水平高低的高校科研人才主要有国家级人才和省级人才两类，其中，国家级人才主要包括"万人计划"（中组部、人社部、教育部、科技部）、杰出青年基金获得者、长江学者（教育部）、新世纪优秀人才支持计划（教育部）、百千万跨世纪人才国家级人选（人社部）、国家有突出贡献的中青年专家（国务院）、"973 计划"首席科学家等。省级人才主要包括省级学者（如湖北省的楚天学者），"百人计划"（省委组织部），百千万跨世纪人才省级人选（人社厅），省新世纪高层次人才工程第一、二层次人选，省级有突出贡献的中青年专家（省政府），二级教授等省级人才。

2. 科研基地的评价标准

科研基地，也称为科研平台，是通过分级配置和整合优化优质大型科学仪器及科研设施而形成的科技基础条件，为开展高水平科学研究提供重要支持。科研平台建设不同于仅满足特定学科发展或课题组需求的仪器采购，它具有显著的公共服务特点。其建设目的是支持和推动一系列相关学科的发展，为实现原创理论创新和重大技术突破提供物质条件。根据涉及的学科领域范围，科研平台可分为广义和狭义两类。

广义科研平台指科研人员在不同学科领域内开展科研工作的基地，各学科领域内的科研平台相互交织，构成一个庞大的科研平台网络。在该网络中，任何子领域的科研平台都是一个节点，这些节点成为科研人员进行科研工作、实现科研目标的特定空间。狭义科研平台则是指科研人员在特定学科领域开展具体科研工作的基地。本文所讨论的科研平台是广义科研平台。

影响高校科研质量和水平的主要科研平台包括国家实验室、国家重点实验室、教育部重点实验室、省级重点实验室、国家级工程（研究）中心或基地、教育部工程研究中心或基地及省级工程（研究）中心或基地。

3. 学科建设的评价标准

通过综合研究国内外关于学科概念内涵的相关成果，我们发现学科这一术语具有广泛应用和多重含义。不同的人、情境和视角均有各自的定义，每个定义背后都蕴含着特定的价值观，引导着不同的学科建设实践。毫无疑问，学科是高校的基本组成部分，是高校存在的前提条件。目前，大学的各项功能活动都在学科中展开。一个学科是否能成为重点学科，主要取决于其科研成果是否达到国际或国内领先水平，实现这些目标的基本措施便是科学研究。即使一所学校开设了新学科，若不进行科学研究，也难以达到较高的学术水平。此外，随着社会发展和科学技术进步，科研成果不断涌现，新学科也在源源不断地产生，而这些新学科的产生正是基于科学研究。

科学发展趋势表现为分支学科、边缘学科和横断学科等的层出不穷。这些学科不仅出现在各技术科学学科之间，还发展到自然科学各门学科的之间，以及自然科学与社会科学之间。对科学问题的深入研究一方面加深了对学科内容纵深的认识，催生了一些分支学科或边缘学科等新兴学科；另一方面，新学科的产生及学科间的交叉与融合，推动了先进实验室等物质条件建设，催生了一批杰出学者和科研成果。这样，在学科建设水平不断提升的同时，学校的学术声誉也逐步提高，有助于营造浓厚的学科建设氛围，推动新兴学科进入良性发展轨道。因此，学科建设是高校科研运行的有效保障。关于高校是否能完成科研，学科建设至关重要。其水平反映了高校的整体科研水平，展现了学校的科研思路与特色，直接关系到科研成果的质量和层次。学科是大学学术活动的基础，是将科学和知识进行区分分类的方式，是大学人才培养和学术研究的基本单元、组织系统和规范制度。

（二）高校科研过程评价标准体系

1. 科研项目的评价标准

科研项目又叫科研课题，是科研劳动的对象，项目是持续进行的科研活动。科研项目的类别很多，影响高校科研过程质量与水平的主要项目是国家级项目和省部级项目，理应为之构建相应的评价标准。其中，国家级项目包括国家级Ⅰ类项目和国家级Ⅱ类项目。国家级Ⅰ类项目主要是指国家自科（社科）基金重点（大）项目、杰青项目、国家"973计划"项目、国家科技重大专项国家科技支撑计划等项目，国家级Ⅱ类项目主要是指国家自科基金重点（大）项目之外的其他国家自科基金项目、国家社科基金一般（青年）项目、国家社科基金后期资助项目、"星火计划"、"火炬计划"、软科学研究计划、国际合作专项、港澳台科技合作专项、创新人才推进计划、农业科技成果转化资金、重大科学仪器设备开发专项、国家公益性行业专项、教育部规划课题国家重大（一般）项目等。省部级项目分为省级项目和部级项目，省级项目主要是指省自然科学、社会科学主管部门下达的科研项目及省教育主管部门下达的教育教学改革项目（课题）。

2. 科研经费的评价标准

科研经费是指用于对新产品、新技术、新材料、新工艺的论证、设计、实验、试制、使用及鉴定、定型等科学研究项目全过程完成所必需的投入资金。充足有效的科研经费是科研项目进行的基础，如果科研项目没有充足有效的科研经费作保障，科研项目则可能无法顺利完成。显然，科研经费是促进科研活动得以有效完成的重要物质条件。目前，我国高等学校科学研究经费主要分为纵向科研经费和横向科研经费两种类型。纵向科研经费包括国家级科研立项项目（指中华人民共和国科学技术部、国家自然科学基金委员会、国家社会科学规划办公室下达的项目等）经费（即上文所指的国家级 I 类项目及国家级 II 类项目的经费，简称国家级纵向经费）、省部级科研立项项目（省科技厅、省自然科学基金委员会、省社会科学规划办公室、国家有关部委下达的项目等）经费（省部级项目的经费，简称省部级纵向经费）、省部级以下政府部门资助的项目经费（简称省部级以下政府部门资助经费）等。横向科研经费则是指高校与国内外企事业单位、社会团体组织、个人等社会各界进行科研合作、科技咨询、科技成果转让等活动的经费（简称横向经费）。科研经费本身所具有的先行性、周转性、复杂性和隐含性等特性间接地反映了科研过程及科研成果的质量，从某种程度上说，科研经费的来源及其使用情况，间接地决定着科研过程及科研成果的质量。此外，科研人员能否争取到科研经费在一定程度上反映了其科研能力和科研水平。为此，科研经费亦是高校科研评价过程中必须关注的一个指标。

3. 科研管理水平的评价标准

科学管理水平是指科研管理机构设置及其运行的科学性与合理性，包括科研管理机构设置的科学性。专职科研管理人员数占全校全时研究与发展人员数的比重的合理性、科研管理制度与相关文件的规范性、识别科学研究新方向或技术难题的敏感性、引导及调整研究领域的技术难题的水平等。科研管理制度与相关文件的规范性程度、专职科研管理人员数占全校全职研究与发展人员数的比重，是决定高校科研管理水平的重要指标。

（三）高校科研成果评价标准体系

1. 公开发表成果的评价标准

高校公开发表成果的评价标准，即对高校公开发表的科研成果满足社会相关方面需求程度及其促进人才培养、科技进步和社会经济发展程度进行价值判断时的依据。公开发表成果是高校科研产出的重要方式，而公开发表的成果是高校科研产出的重要形态。从当下高校科研成果看，其公开发表的成果很多。在公开发表的成果中，评判高校科研质量与水平高低的重要指标主要有Science、Nature、Cell、SCI、SSCI、EI（期刊类）、CSSCI、A&HCI、CPCI-SSH、CPCIS、核心期刊论文、专著、译著、编著、教材和工具书等。

2. 公开登记成果的评价标准

公开登记成果指的是公开记录的具有知识产权的科研成果。所谓知识产权，是指已申请专利的科技成果所享有的法定权利。简而言之，知识产权是法律赋予创作者在特定时间范围内享有的专有权或独占权，这些权利是针对其智力劳动成果的。从本质上讲，知识产权是一种无形财产权，其对象是智力成果或知识产品，是一种无形资产或非实体性的精神财富，是创造性智力劳动所产生的成果。与房屋、汽车等有形财产一样，知识产权受到国家法律保护，具有价值和使用价值。知识产权涵盖了专利权、商标权、著作权、植物新品种权、网络域名权、集成电路布图设计权等多种权利，分为两大类：一类是著作权（又称版权或文学产权），另一类是工业产权（又称产业权）。

3. 成果采纳的评价标准

成果采纳，即被采纳的成果，一般是指被各级各类政府部门（或行政部门）采纳的科研成果，成果采纳的评价标准就是对被各级各类政府部门（或行政部门）采纳的科研成果进行价值判断的依据。本书中关于高校被采纳的科研成果包括被各级各类政府部门（或行政部门）及具有相应行政级别的企事业单位或机构采纳的咨询报告、被《新华文摘》及人大报刊复印资料等转载或摘录的科研论文、被相关网站转载的科研论文等。在高校被采纳的科研成果中，被国家层面和省部级层面采纳的咨询报告，以及被《新华文摘》和人大报刊复印资料全文转载的科研论文，在高校科研评价指标体系中占有重要的地位。

第三节　高校科研评价体系的实施

一、在舆论上促进宣传

要引导高校强化科研质量意识，形成自觉自愿接受科研评价的态度，彰显高校科研评价体系的重要价值。政府高度重视高校科研评价，并极力强化各级各类高校提升科研质量的意识，是构建成熟的高校科研评价体系的前提。在我国，高校科研作为科教兴国的中坚力量和急先锋，为国家的经济和社会发展提供了卓越非凡的动力，在国家科技创新体系中的地位不断提高，是国家科技创新的王牌军。高校获得国家政府部门科技投入比例在不断提高，高校科研对经济发展和社会进步的贡献在与日俱增。当下，人们已经普遍意识到通过评价手段促进科研质量提升的必要性，并在科研质量评价问题上作了诸多探索。只有政府和科技管理部门、高校科研研究者高度重视、思想认识到位，才能加大投入、强力推进，才有可能构建科学合理的高校科研评价体系，进而提高高校科研质量与水平，为国家的科技创新作出更多的贡献。

二、设立专门的评价组织

政府、高校、社会三方参与，按照"谁主管、谁负责"的原则，按照课题立项管理单位的类型不同和层级不同，分别设立相对应的高校科研管理评价专门机构和人员。课题立项管理部门直接对科研项目质量负责，该部门对科研项目申报征集、项目评审、项目中后期检查、项目结项、项目成果公布和应用转化全程负责。这样，我国国家社会科学基金、自然科学基金、教育部等部门及下属层级部门都应成立相应的高校科研管理专门机构。按照"监督管理分离"的原则，在此专门机构基础上，国家还要成立科研评价机构监督委员会，负责对各部门和各科层高校科研评价专门机构进行监督检查和管理，实行高校科研评价机构专门化。当然，政府虽设立高校科研评价机构，但由于政府公务员的专业有限性，在高校科研评价中也必须大量依靠科研项目的同行专家来鉴定评审，使高校科研评价同行化，注重以同行评价为主导。

三、培育大量评价专业人员

目前缺乏专业化的高校科研评价人员，仅仅靠高校科研部门的科研管理人员是不行的，他们不够专业，专业的事应该让专业人去做。高校科研评价人员需要专业化发展，应要求他们通过参加专业教育或自学，获得高校科研评价的专业知识，提升科研评价的职业素养，提高高校科研管理的水平。目前，高校科研管理的专业化、科学化和规范化都还存在一些问题。例如，高校科研管理评价人员缺乏一定创造性，他们多以兼职为主，缺乏明确的职业定位；高校科研评价人员的知识结构不太合理，专业背景和学科背景都存在一定的局限性。因此，建议高校科研评价人员自觉地提升职业素养，相关部门组织专门的科研评价职业素养培训，并制定激励机制，激发科研管理人员的工作热情，进一步完善高校科研评价管理的有关制度，进一步提升高校科研管理评价人员的工作效率和管理水平。

四、收集评价有效数据

应全方位、立体化收集相关科研数据，不能局限于科研队伍、论文与著作数量或科研项目与经费、科研基地与重点学科等某几个方面的数据。

高校科研评价离不开数据，建立系统、全面、权威的数据库，提高真实性是搞好科研评价的基础性工作，为此，应做到以下几点。

第一，创建权威的国家级数据库。建议教育部成立大学科研数据库，汇总全国各高校科研团队、人员、项目、研究设施、研究进展、成果及科技转化等信息，特别是涉及论文、专著、专利和奖项等科技成果的数据。

第二，设立全国性的高校科研评估管理网站。该网站应公开各类科研数据，建立项目成果库、评审系统和推广应用管理系统，为大学科研评估管理提供有效支持，确保高校科研项目质量受到有效监控。

第三，规范大学科研网站管理，要求各高校发布真实可靠的信息，加强对民间机构发布数据的审核和澄清。民间机构可能因利益驱动或责任转移而发布不真实、不完整、不严谨的数据，相关部门应及时干预，协助民间机构纠正错误，指导其审核数据、区分真伪。

第四，充分利用国内外知名数据库，为高校科研评估提供参考依据。

第五，强化个性化数据平台建设，提升定量评价指标的基础数据质量。创建并逐步完善符合个性化评价需求的内部共享科研成果数据平台，将成为提高定量指标科学性的关键基础工作。

五、加强评价过程监督

强化高校科研管理，并严格规范其评价实施过程，是搞好高校科研评价工作的关键。有了正确的高校科研评价取向，必须强化过程管理、严格规范操作过程，这是搞好科研评价的关键所在。

其一，从国家及政府层面来看，要加强对高校科研评价的管理和监督。高校科研评价不是什么机构都可从事的工作，国家和科教部门应从严审批官方和民间的评价机构，建立科研评价机构准入和牌证发放制度、年检制度，对有争议的科研质量评价实行仲裁制度，对违法乱纪行为实行举报查处制度，避免出现大学排名过多过滥的现象。

其二，评价机构的评价要坚持科技创新的价值取向和质量第一的指导思想，秉持"公平、公正、公开"的原则，公开评价标准、程序、项目、评委专家、评价时间，公布评价过程、计算公式、评价结果，通过现代管理技术和平台，公平、公正地评价每一项科研成果。

其三，包括参与评价的评委专家在内的评价人员，要恪守良知、遵纪守法、按章办事、不谋私利。同时，还要从程序上加强规范，严格按程序操作，杜绝营私舞弊等现象出现。

其四，对被评人员及项目成果涉及的所有人，严禁弄虚作假、伪造数据；严禁拉关系、走后门，杜绝请客送礼、用钱铺路等学术腐败现象的产生。要以平常心对待评价，要着眼于通过评价找到自己的不足和努力方向，进一步提高自己的科研质量。

六、完善评价相关制度

完善高校科研评价相关制度需要顶层设计，立法保障，监管有力；需要立足创新，着眼激励，确保发展；需要实行代表作制，降低数量、确保质量；需要规范评价周期，注重过程评价，建立中长期考核制；需要完善评价机制，发展非官方机构，推崇第三方评价。

（一）完善制度和监管保障

针对高校科研评价体系，为了确保科研评价的有效性，当前可采取以下两种立法规范途径。

首先，修订并完善《中华人民共和国高等教育法》相关条款，从宏观角度明确高校科研评价的意义、功能、地位与原则，为大学科研评价提供指导。

其次，在科技部、教育部、中国科学院、中国工程院及国家自然科学基金委员会联合发布的《关于改进科学技术评价工作的决定》基础上，制定专门针对科研评价或高校科研评价的法律。除此之外，调整政府与高校之间、评价主体与被评对象、科研人员与科研成果等各方面的关系，明确各方权利、义务及监管机制，要规定科研评价的价值导向、目标、内容、方法、流程、标准和评价机构等；还要将各类高校科研评价纳入法治化管理范畴，确保科研评价的精确性和公平性，推动科研质量的提升。

（二）促进激励和创新

创新是科研发展的核心，以创新为价值导向是建立完善高校科研评价体系的基础。为了推动高校科研创新工作，我们应注意以下几个方面。

第一，在评价目标方面，要明确高校科研评价工作中的关键问题，强调质量优先，克服功利主义和浮躁心态，营造科技创新氛围，正确引导大学科研评价工作。

第二，在评价内容方面，要倡导实事求是的评价方式，构建基于国情且与国际标准相接轨的评价内容，逐步完善各类评价指标体系。

第三，在评价方法方面，要加强具体指导，明确职责定位，规范科研评价方法。

第四，在评价程序方面，要坚决抵制任何形式的学术不端行为，避免繁琐和虚假的科研评价活动。

第五，在评价标准方面，遵循科学、合理、可行的原则，区分不同评价对象，划分各类评价标准，坚决反对虚假夸大和短视行为，客观评价非主流、非共识、非名家的科研成果，营造良好的创新文化氛围。

（三）完善评价机制

优化高校科研评价机制（见图 3-3-1），首先需要从官僚主义向学术主义转变，将科研评价从官方体系中解脱出来。为实现这一目标，可以增加社会参与度，依靠社会中介组织，建立独立的社会化科研评价机构，保障科研评价的独立性。让学术回归其本质，高校科研评价还需有相应的制度支持。同行评审被国内外普遍认为是最合理的科研评价方法，但在评审功能、程序和环节上仍存在许多待完善的地方，我国高校科研评价中的同行评审通常采用单向匿名制。

为避免各种干扰，确保评价的公正性和合理性，特别是对参评专家进行约束，应在同行评审中实行双向匿名制、利益相关回避制及专家组定期轮换制等措施。此外，高校可以设法建立在线评价系统，适时推行在线评价机制。在线评价具有众多优点，如实现真正的匿名评审、保证评价公正、促进学术交流、及时反馈评价意见、低成本高效率，同时有助于消除各种干扰。

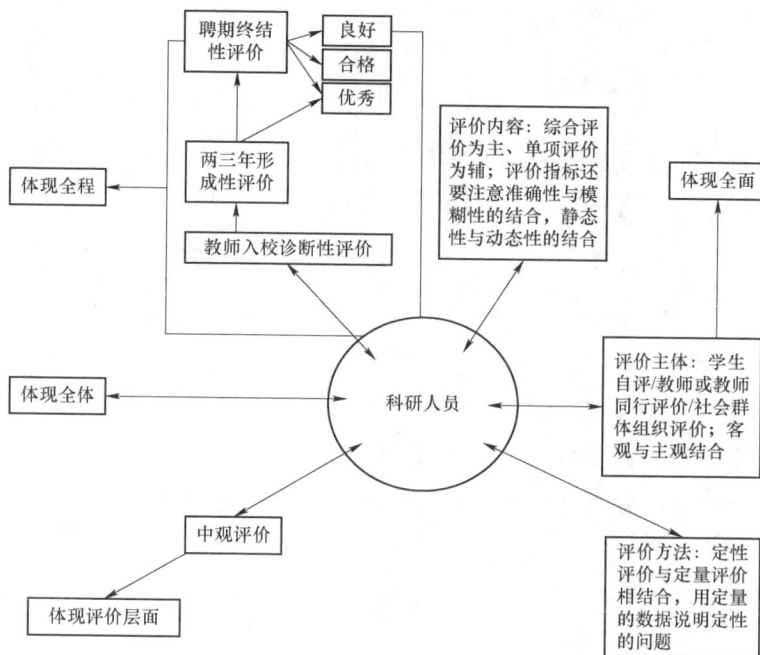

图 3-3-1　高校科研评价"七个三兼顾"示意图

第四章
高校辅导员管理评价体系建设

我国高校辅导员是大学生日常思想政治教育的基层引导者、大学生健康成长的人生指导者及贴心伙伴，肩负着重要的职责和光荣的使命。本章内容主要阐述了高校辅导员的角色定位与职业能力、高校辅导员队伍建设的现状，以及高校辅导员工作绩效评价的构建。

第一节　高校辅导员的角色定位与职业能力

一、辅导员的角色定位

自从 20 世纪 50 年代初期我国的高校辅导员制度建立以来，辅导员一直是高校开展大学生思想政治教育的骨干力量。随着社会的发展及我国大学生自主发展意识的增强，辅导员角色的内涵也逐渐丰富，原有辅导员的角色定位已经不能满足新的形势及新的工作环境的需要了。因此，无论是从理论层面还是从实践角度，重新定位辅导员的角色显得尤为必要和迫切。这既是对辅导员身份、地位、功能和职责的尊重和提升，也是加强和改进高校辅导员队伍建设的内在要求。

（一）角色的概念

最初，角色这一概念是指戏剧中的演员所扮演的剧中人物。20 世纪 20 年代，美国芝加哥社会学派的代表人物 G.H.米德将角色的概念引入社会学研究领域，用于描述个体在社会这个舞台上所表现的行为和身份象征。社会学家凯利认为，角色是个体在特定地位下的行为表现，以及他人对其行为的期望和个体自身对行为的期望系统。

尽管学者们对角色概念的理解存在差异，但关于角色的三要素的认识相对一致，即构成角色的三要素是个体特定的社会地位、社会对个体的要求或期望和个体的行为模式。有学者认为：角色代表了人们在社会发展过程中不同时期所扮演的不同身份，以及根据自身所扮演角色来规范行为的一种模式，是人们对具有特定身份者的行为期望，它构成了社会群体或组织的基础。如今，许多角色伦理学家认为，角色的存在是个体为了满足社会期望、实现自身权利和义务而采取的一种特殊行为模式。

角色的作用就是在社会的发展过程中对人进行的职能划分。人在社会生活中的地位，人与社会所产生的关系，人与人之间进行交往的身份，都是一种角色。在很多情况下，人的角色都来源于人所处的地位和背景。因此，角色的基本特征来自每一类角色都有的一组由社会为之规定的、由角色行为规范模式决定的、与其所处地位、身份、职位相符合的特殊行为。

不同的角色之间的区别在于它们各自的特殊性，角色与角色之间是不完全相同的存在，即使模式相同，其根本的性质也是不同的。社会角色在定位的过程中都有一定特殊的行为规范模式与之相匹配。

社会是一个统一的整体，虽然存在很多的角色，但是这些角色相互之间又是一种统一的存在。生涯发展大师、著名学者舒伯（Super）于 1976—1979 年在英国进行了为期四年的跨文化研究，在研究人的角色发展理论的问题上，提出了一个更加宽广的关于角色的新概念，即生活广度、生活空间的生涯发展观。他通过对人的生涯发展阶段中角色的影响问题进行分析，描绘出了一个多重角色生涯发展的综合图形，构建了"生涯彩虹图"。在个体的生涯发展过程中，人总会承担着各种各样的角色，往往这些角色之间是相互联系、相互作用的。

当个体在承担了某一角色之后，往往需要将其推广开来，进而表现出该角色的特点。

通常社会对角色所产生的期望，就是指角色在社会中根据社会的期望值及社会在发展过程中所制定的一些规章制度下进行的行为。角色期望，又可以称为对角色的一种期待程度，是社会结构与角色行为之间的桥梁。

（二）我国高校辅导员角色的历史发展

人们在生存与生活的过程中，为了适应社会的发展需要扮演相应的角色。不同的人通过扮演不同的社会角色，再与其他的角色发生作用，从而履行相应的社会责任。不过，任何一个角色的扮演都是由特定的社会需要决定的，并随着社会的发展而发生变化。

国家建设高校辅导员团队，是为了促进国家的高等教育事业的发展。我国在 1952 年开始设立辅导员一职，并使之经过了我国的社会主义改造、全面建设社会主义、改革开放、现代化建设等历史进程的演变过程。

自新中国成立之后，高校辅导员这一角色开始逐渐地走进了人们的视野。起初，这一角色被定位为"政治辅导员"或是"学生政治辅导员"。高校为了深入地贯彻政治服务工作，进而建立了政治工作制度。

1952 年，教育部发出《关于在高等学校有重点地试行政治工作制度的指示》，目的是在高校中建立起政治辅导机构，帮助学生培养政治理念。

1953 年，清华大学和北京大学首先提出试点请求。此后，许多高校开始建立辅导员制度，为学生提供政治教育，使辅导员成为学生的"政治领路人"。1961 年的《教育部直属高等学校暂行工作条例》和 1965 年的《关于政治辅导员工作条例》明确了辅导员的工作职责，包括在学生中的地位、作用和任务等。自此，全国各类高校广泛建立了政治辅导员制度。

改革开放和社会主义现代化建设新时期，党和政府的有关政策文件明确规定了高校专职思想政治工作者——辅导员的身份、地位和工作任务。1980 年，《关于加强高等学校学生思想政治工作的意见》将辅导员定位为党政工作队伍和师资队伍的一部分，负责全面培养学生，赋予辅导员"双重"角色。1987 年，《中共中央关于改进和加强高等学校思想政治工作的决定》进一步确认了辅导员的教师身份。

2004 年，《关于进一步加强和改进大学生思想政治教育的意见》明确了辅导员的职能，包括引导学生思想、关爱学生生活、帮助学生解决学术难题和心理疏导等。此外，辅导员还需关注学生的实际问题，如困难学生帮扶、心理咨询、就业指导、生涯规划和协调人际关系等。2005 年，《关于加强高等学校辅导员、班主任队伍建设的意见》强调辅导员是高校工作的骨干力量、引领和指导大学生健康成长的重要人。

2006 年，《普通高等学校辅导员队伍建设规定》再次强调辅导员具有教师和干部双重身份，将其定位为开展大学生思想政治教育工作的骨干力量，以及高校学生日常思想政治教育和管理工作的组织者、实施者和指导者，还是学生的人生导师和健康成长的知心朋友。

如今，随着社会的快速发展和高等教育改革的深入，特别是高等教育逐步走向大众化，高校后勤社会化以及招生、就业、收费制度等方面的变动，辅导员的工作领域不断延伸，角色内涵随之丰富。辅导员已不再是过去单一的"政治辅导员"，其工作范围逐渐扩大，演变成了"辅导员"这一职责更广泛的角色。随着角色定位的变化，辅导员能够从多方面对学生进行教育和服务，职能也不再单一。其职责已从单纯的思想政治教育扩展为集教育、管理、服务于一体，引导大学生全面、健康成长。

总之，高校辅导员在中国教育发展过程中扮演着重要角色，他们在学生思想政治教育、生活关怀、学术支持和心理疏导等方面发挥着不可替代的作用。随着社会的发展和高等教育改革的深入，辅导员的角色和职责也在不断拓展和丰富，为更好地引导和促进大学生全面、健康成长作出了重要贡献。

（三）新时期对高校辅导员的角色期望

社会这个庞大的群体包括许多不同的成员，每个成员在其中都扮演着各自的角色，而每个角色都伴随着相应的权利、责任和行为准则。在这个多元化的社会中，高校辅导员作为一个重要角色，承担着教育、管理和服务等多重职责。他们在学生的成长过程中发挥着至关重要的作用，通过对学生的思想政治教育、生活关怀、学术支持和心理疏导等方面的辅导和指导，帮助学生全面、健康地发展，高校辅导员逐步成为公众关注的焦点。

1. 国家对高校辅导员的角色期望

新时期，我国在针对辅导员的角色定位方面提出了新的要求，教育部在《普通高等学习辅导员队伍建设规定》中提出：必须对我国高校辅导员的工作内容和职业性质进行准确的分析，进而对于疑问进行研究，总结归纳出我国辅导员的这一角色内容。

（1）角色身份

《普通高等学校辅导员队伍建设规定》指出，高等学校教师队伍与管理队伍中不能缺少辅导员这一重要成分，辅导员的角色是教师与干部的双向结合。辅导员是开展大学生思想政治教育的骨干力量，也是高校学生日常的思想政治教育和管理工作的组织者、实施者及指导者。辅导员应当从学生的心理上对学生进行沟通与帮助，成为学生健康成长的导师与朋友，这从宏观上确定了辅导员在高校及育人过程中的角色身份。

（2）工作要求

《普通高等学校辅导员队伍建设规定》明确指出，大学辅导员的工作职责包括：认真对待学生的日常思想政治教育及服务育人工作，加强对学生班级的建设和管理；遵循大学生思想政治教育的规律，坚决将继承与创新相结合，创新性地进行工作，以促进学生的健康发展和成才；主动学习并掌握大学生思想政治教育方面的理论和方法，努力提升自己的工作技能和水平；定期进行相关工作调查和研究，分析工作对象和工作环境的变化，适时调整工作策略和方法；重视运用新理念和实施各类新的工作载体，特别是在现代科技社会中利用网络带来的发展机遇，辅导员需主动拓展工作方式，紧贴实际和学生生活，针对性地提升工作效率，进一步增强工作的吸引力和影响力。

通过以上内容，我们可以看出教育部对辅导员的工作要求不仅全面，而且具有很高的标准。这意味着辅导员需要具备丰富的知识储备、高度的教育热情及灵活的工作策略，以便更好地服务于学生和教育事业。

（3）工作职责

《普通高等学校辅导员队伍建设规定》中规定的八项主要职责覆盖了学生事务的诸多方面。

第一，协助大学生建立正确的世界观、人生观和价值观，确保他们在中国共产党的领导下走中国特色社会主义道路，为中华民族的伟大复兴作出贡献，坚定理想信念。鼓励学生追求更高目标，培养先进分子树立共产主义远大理想和马克思主义坚定信仰。

第二，在学生思想政治方面，引导他们走正道、培养优良道德品质，开展心理辅导课程，及时有效地帮助学生提高心理健康水平，培养良好的心理素质和自尊、自爱、自律、自强的品格，指导学生克服困难和挫折，增强承受外界压力的能力，帮助学生解决学业、交友及各种健康生活问题，提升思想认识和精神境界。

第三，及时了解并掌握大学生思想政治动态，对学生关心的热点、焦点问题进行教育引导，防止矛盾冲突，及时参与处理突发事件，维护校园安全稳定。

第四，落实经济困难学生资助相关工作，组织勤工助学活动，积极帮助经济困难学生完成学业。

第五，开展就业指导和服务，提供高效优质的就业信息服务，帮助学生树立正确的就业观念。

第六，以班级为基础，以学生为主体，发挥学生班集体在思想政治教育中的组织力量。

第七，组织协调班主任、思想政治理论课教师及组织员等工作骨干，共同开展常态化思想政治工作，举办多样化的教育活动。

第八，指导学生党支部和班委会的建设，培养学生骨干，激发学生的积极性和主动性。

2. 高校对辅导员的角色期望

（1）思想政治教育与引导

辅导员通过为学生讲授形势与政策课、组织开展多种形式的主题教育、坚持与学生谈话制度，深入了解学生的思想状况，进而有针对性地开展日常的学生思想政治教育工作和品德行为引导工作。

（2）心理健康教育与指导

辅导员应该加强学生的心理健康教育，适时举办普及性讲座，开展个别咨询与团体辅导活动，才能及时地发现学生是否出现了心理方面的问题，并协助有关部门及时处理，努力防止因心理问题而引发恶性事故。

（3）学风建设与学业指导

辅导员应当加强与任课教师、班主任、研究生导师的沟通，全面了解学生的学习情况，帮助学生端正学习态度、明确学习目标、掌握学习方法、设计学涯规划，促进学业进步。

（4）党团工作指导

辅导员应主动提出关于党员工作的建议，并协助院（部）党委指导学生党支部建设，做好学生党员发展和教育管理工作；要指导学生团支部开展丰富多彩的主题团日活动，做好团员教育、评议和推优入党工作。

（5）素质拓展指导

学校应当着重发展校园文化和社会实践活动，让辅导员利用班级组织及各类社会团体活动，让学生参与社会实践、社区服务和技能培训，提升学生课外及文体活动的能力，全面拓展学生的品质，培育学生的创业创新素质和实践能力。

（6）职业规划与就业指导

辅导员应帮助学生进行职业生涯规划，指导就业，促进学生充分就业。

（7）班级建设工作

辅导员应建立学生班级管理档案，做好学生干部的选拔、培养、考核工作，指导学生班级开展丰富多彩的活动，营造积极向上、宽松和谐的氛围。

（8）日常事务管理工作

在日常的生活实践中，辅导员要结合学生的综合方面的表现，坚持公正、公平、公开的原则，对学生进行奖励评估，对于有困难的学生及时提供帮助，加强对学生的日常生活管理，并及时了解学生的思想、学习、生活情况，维护学生权益，为学生排忧解难。

（9）宿舍管理工作

辅导员应经常深入学生宿舍，指导学生创造良好的宿舍卫生环境和文化环境。

（10）安全稳定工作

辅导员应开展日常安全教育，提高学生的安全意识，及时妥善处理学生中出现的各种突发事件。

（四）高校辅导员的角色定位和角色扮演

1. 角色定位

对于高校的辅导员来说，角色定位的作用就是要让辅导员自己认识到自己的作用与价值，准确地找到自己的位置，明白如何在现实生活中来行使自己的角色作用。角色定位是指与某种职业相一致的一整套权利、义务和行为模式的总和，任何一种职业都有其特殊的、区别于其他职业的角色定位。

然而在现实中，高校辅导员的角色定位并不清晰，甚至出现错位——辅导员是教师还是行政管理干部？抑或是并列的两种身份？明晰辅导员的角色定位，是辅导员在其基本职责内卓有成效地开展工作的基础。

（1）高校辅导员有别于一般的专业教师

总的来说，高校辅导员与一般教师的作用都是指导学生的工作，但是辅导员根本的职责却与一般的教师不同。按照国家有关文件规定，高校辅导员是高等学校教师和管理队伍的重要组成部分，辅导员首先是教师，但却是与任课教师不同的角色存在。

高校辅导员的工作重心是为学生们的思想政治教育提供一定的辅助作用，教导学生树立正确的政治理念，对学生的党团建设、日常的教育管理及课外活动、社会服务等活动进行及时的指导。

其工作内容包括学生思想政治教育与品德教育、学生党团建设、评奖评优、违纪处理、学生集体与组织管理、课外活动指导、学生学习与成才指导、就业指导与服务、心理健康的一般咨询与辅导等。辅导员从事的这些工作体现了辅导员为学生工作的性质，是学校教育活动的重要组成部分，其工作内容和方式方法明显不同于任课老师。

（2）高校辅导员有别于一般的行政管理干部

通常，一般的行政管理干部职责主要是为了加强学生的政治知识，对他们进行引导，而辅导员肩负着重要的传播与管理职责。辅导员对学生的行为方面进行监督和管理，在党员和干部建设方面予以重要的辅助。不仅如此，辅导员还需要关心学生的学习、生活和工作，并为改善学生的学习、生活和教育条件向学校提出积极建议，同时落实国家资助贫困生的各项政策，并做好学生成才指导、就业指导与服务等工作。

辅导员工作不同于一般的存在，其工作是有一定的特殊性的，主要是通过学校有限的资源来进行分工和配置，进而促进学生的全面发展，为社会培养出更多的合格人才。其管理方式主要是通过智力活动和知识中介来进行的，其工作性质具有很强的精神性。辅导员工作是以一种以特定方式推动、以全面提高学生素质为根本任务的教育活动。

辅导员不仅要用自己的知识、经验和感悟辅导学生，寓教育于引导之中，还应该以指导学生发展为主体工作，寓指导于辅导之中，并以学生事务管理为基础工作，寓管理于服务之中。

通过上述论证可以得出，辅导员工作与一般的教师工作不同，也区别于管理干部工作，总的来说就是一种独立存在的职业。他们的存在是为了指导大学生政治教育和日常的思想工作教育，对学生进行心理上的疏导和健康方面的咨询，帮助学生进行职业生涯规划和就业指导，以及承担家庭困难学生进行资助的方面的咨询和服务工作，其理念是服务学生、指导学生、促进学生全面发展与健康发展。

2. 角色扮演

角色扮演（Role Playing）通常是指个体根据自我在社会中的需求及自我的定位等要求，来调节自己的一个行为过程。角色扮演是个体社会化的基础，也是个体相互作用的过程。每一个个体都处于社会关系网络之中，占据着多个社会为之规定的位置，具有多重社会角色，高校辅导员也具有多重社会角色。

（1）大学生思想政治教育的引领者

引领大学生思想政治教育的职能是辅导员在建立之初的根本职责，在辅导员的社会历史发展过程中，开展关于思想政治教育活动的根本原因是党和国家对辅导员工作的要求。

中共中央 16 号文件《关于进一步加强和改进大学生思想政治教育的意见》明确指出：在大学生生活中，针对大学生的思想政治教育，辅导员与班主任都是引领大学生队伍中的主体与领头者，辅导员按照党委的部署有针对性地开展思想政治教育活动，班主任则主要负责在思想、学习和生活等方面指导学生的发展。

《普通高等学校辅导员队伍建设规定》（教育部 24 号令）对辅导员八项工作职责的规定中，前三项属于学生思想政治教育职责。由此可知，对大学生开展关于思想政治教育的活动是辅导员职能的核心。高校辅导员努力成为大学生思想政治教育的引领者，既是党的教育方针的要求，也是高校辅导员队伍建设的政治要求。

随着世界多极化和经济全球化进程的不断推进，国内经济体制随着经济化的变革而产生了变革，社会结构进行了深刻的调整。在这种形势下，大学生的思想容易陷入迷茫和困惑。

大学时代是大学生的人生观、世界观和价值观的确立时期，高校肩负着坚持社会主义办学方向、培养学生成为社会主义事业建设者和接班人的光荣使命，也负有坚持不懈地实施思想政治教育的重要任务。

在人才培养过程中，高校辅导员应确保遵循正确的政治道路和方向。他们应利用科学理论武装大学生，并为他们提供正确的舆论引导。马克思列宁主义、毛泽东思想、邓小平理论、"三个代表"重要思想、科学发展观、习近平新时代中国特色社会主义思想，应成为大学生自觉遵循的指导原则。在这些思想的指导下，大学生将形成正确的世界观、人生观和价值观，这对社会主义事业的成功和学生的健康成长具有重要意义。

因此，辅导员需要正确引导大学生认识世界、理解社会，分辨对错，这将大大提高大学生的政治判断力和政治敏感度。

（2）大学生学业发展的指导者

现代大学教育的目的不仅在于为学生提供和传授现代科学技术与文化知识，更关键的是培养学生的思想观念。当大学生刚入学时，可能会因为各种原因在生活和学习上遇到困难。这时，辅导员应扮演好学生学习的指导者和生活中的助手，为学生提供生活与学习上的必要指导。这样可以激发学生的求知兴趣和积极态度，培养良好的阅读习惯和方法；帮助学生确立发展目标，制订学习计划；协助学生根据学习计划和步骤、难易程度、兴趣领域及拟探索的领域选择课程，并针对学生的不同情况和特点，帮助他们制定个性化的职业生涯规划。

不同学习阶段的学生需要进行不同程度的辅导，只有有针对性地进行督导，才能体现出辅导员工作的重要性。尤其对大一的新生来说，辅导员要强化自身作为学习引导员的角色，帮助他们尽快从中学学习的方式转变成为大学学习的方式。

大学新生往往会面临高考压力骤减后大学生活缺乏目标、对突然增加的自主学习时间不知道如何安排、不适应任课教师"翻页式"的大学教学方式等问题。加上部分同学由于选择高考志愿时的偏差而出现学习兴趣丧失等情况，所以对大学新生进行学习方法和学习能力的辅导尤为关键。

辅导员应组织举办学习技巧讲座、学习经验交流会等，为大学生创造良好的学习环境。高年级学生由于基本掌握了大学学习方法，辅导员的主要任务在于帮助他们构建合理的知识结构和体系。当面对自己不熟悉的学科知识时，辅导员应该保持同任课教师的联系，在学生和任课教师之间做一个协调者。

为了成为一个合格的学习引导者，辅导员自身应当不断地学习、不断地为自己充电，完善自己工作过程中的各种问题。在工作中要严谨、在生活中要热情，不但要有自己的专业研究方向，而且要熟悉和掌握一定的社会科学和自然科学知识。

（3）大学生职业生涯规划的指导者

美国著名的职业生涯研究学者舒伯提出了关于职业生涯发展的五种阶段模式，大学生处在职业生涯的探索阶段，而职业生涯探索阶段又可以分为暂定期（15～17岁）、转移期（18～21岁）和试行期（22～24岁）三个时期，大学时代跨越了转移期和试行期两个时期。在这两个时期，大学生的个体能力迅速提高，职业兴趣趋于稳定，逐步形成对未来职业生涯的预期。

在大学时期对学生进行职业生涯规划和能力储备的训练而言是一个关键的时期，所以高校对大学生进行职业生涯规划指导显得尤为必要。对学生进行职业生涯指导，以帮助学生更好地就业，成为辅导员工作的重要组成部分。

职业生涯规划是一项长期的系统性工程，所以在学生初入大学时期就应该对其进行职业性的教育，进而在大二、大三时进行职业意识培养，在大四进行就业、择业指导，充分帮助大学生认清自我，指导大学生合理地进行职业生涯规划。

职业生涯规划指导的主要内容包括以下几方面。

第一，依据大学生的兴趣、特长、爱好、性格、学识、技能、智力、情感、智商及组织管理、协调和活动能力等方面，建立综合素质评估体系、目标管理体系和校园活动建设体系，协助他们设立短期、中期和长期的人生目标。

第二，帮助大学生正确评估自我、探寻职业兴趣、获取职业信息、拓展学习领域、提高就业机会。

第三，鼓励并指导大学生参与实习和社会实践活动。

第四，开设就业指导课程，向学生传授求职技巧；推荐学生参加职业交流会，组织校园招聘和面试活动，指导学生利用多种途径寻求就业。

第五，推进创业教育，为大学生提供创业信息和咨询，积极构建创业平台，协助他们进行创业规划，引导他们开展创业实践，为他们成功融入社会奠定坚实基础。

（4）大学生身心健康发展的培育者

由于社会的快速发展，人们在社会中为了生存下去，会引发一系列的生存与竞争问题的出现，而大学生正处于身心发展的成熟期，所以在心理健康方面会面临严峻的挑战。在新的时代背景下，大学生心理健康教育工作的重要性和迫切性被提升到从未有过的高度。

《教育部关于加强普通高等学校大学生心理健康教育工作的意见》指出，对大学生的心理健康教育是当前社会发展的关键，应当全面贯彻党的领导方针，对大学生进行素质教育的引导，各高等院校在德育工作方面应当主动与大学生进行沟通，学校是主要的传播与引导途径，也是重要的手段之一。

长期以来，受高考压力影响，学校和家长在学生成长过程中通常过分关注智力教育，而忽视了对学生健康人格的培养。当前的教育对象和环境特点及高校的育人目标要求辅导员充分发挥学生身心健康发展的培育者角色的作用。只有协助大学生形成完善的人格，大学生才能提升心理健康水平。

关于如何实施大学生心理健康教育，现阶段比较统一的观点是建立三级心理健康网络。一级网络包括班级心理卫生委员和心理卫生骨干成员，负责对心理问题进行快速反馈和组织学生自助及互助；二级网络由辅导员、班主任和院系党总支书记组成，负责跟踪辅导和早期预防等工作；三级网络由学校心理咨询中心专家组成，通过制订全面的心理健康教育目标和计划，为一、二级网络提供专业辅导，并针对性地为大学生提供咨询服务。显然，二级网络扮演着承接角色，既与一级网络相结合，又连接三级网络，具有至关重要的作用，而高校辅导员正是二级网络的核心力量。

辅导员需利用自身优势，结合学生干部的力量，充分运用网站、论坛等途径；及时了解学生的心理状况，把握大学生的群体情绪，并了解不同学生的心理需求。同时，辅导员应掌握大学生心理问题的表现、原因和处理方法，运用心理学知识和技能指导学生调整心态、提升心理健康水平、增强社会适应能力。辅导员还需指导学生科学、合理地安排课余生活，培养业余爱好，学会科学用脑，保持有规律的生活，增强体质，保持乐观向上的精神状态。

（5）大学生社会化进程的引导者

社会化，顾名思义就是在个体融入社会过程中，吸收一定的社会文化，进而成为具有社会文化的社会人的过程。

社会化包含两方面的含义：一是个体通过进入一定的社会环境、社会关系之中以获得社会知识经验等的过程；二是个体在积极参与社会活动的过程中，对一定社会环境的保护和社会关系的维持。

社会化通过个人的积极参与、自我意识的成长和与他人的互动得以实现。在与社会环境的互动中，个体的社会化指的是掌握所在社会的知识技能、行为规范和价值观，以获得该社会所需的成员资格。这个过程也是个性塑造和完善的过程，使参与者实现了从一个生物个体的自然人向一个社会人的转变。

大学生的社会化和成人化过程主要发生在大学时期。在此阶段，学校领导和辅导员扮演着组织者、管理者和教育者的角色。这些人物对于大学生在迈向社会化的过程中具有不可或缺的作用，辅导员的榜样示范对于激发大学生对其人生观和价值观的认同和模仿也具有重要影响。

"人们期望教师将担负起道德指引和教育指引的作用，使学习者能够在大量的信息和不同的价值观中不迷失方向。"[①]因此，在培养人才的过程中，辅导员肩负着传递社会文化价值和标准的责任。辅导员需通过身体力行说服、教育和引导学生，将外在的信息、知识和道德诉求转化为大学生自发的行为。他们需要通过校规校纪和法律教育、主题思想教育等活动对大学生进行纪律和责任教育；通过精神文明建设活动、行为规范活动等规范大学生行为；通过形象设计活动、成功者形象引导等活动陶冶大学生的情操。

二、辅导员的职业能力

每个高校辅导员在工作中需要面对数百余名学生和各级职能部门，需要具备过硬的本领和胜任力来推动工作的开展，如合作能力、管理能力、语言能力、心理承受能力、随机应变能力、学习能力、科研能力和政治理论素养等。辅导员通过运用这些综合能力，有助于提升自己在工作中有条不紊地处理各种复杂问题的能力。

---

① 赵中建. 全球教育发展的历史轨迹——国际教育大会 60 年建议书［M］. 北京：教育科学出版社，1999.

2014 年 3 月，教育部印发的《高等学校辅导员职业能力标准（暂行）》规定：高校辅导员要"掌握系统的专业知识和专业技能"，这里所提的专业知识和专业技能指的就是辅导员的职业能力。

（一）专业知识方面

辅导员在学习知识的过程中，要学习哲学、政治学、教育学、社会学、心理学及各种管理学、伦理学和法学等知识，掌握这些知识的目的是为更好地帮助学生解决各方面的问题。

辅导员需要具备的专业知识包括：思想政治教育专业基本理论、基本知识、基本方法，马克思主义中国化相关理论及知识，大学生思想政治教育工作实务相关知识，以及学生事务中可能会涉及的法律法规知识等。

（二）专业技能方面

《高等学校辅导员职业能力标准（暂行）》对高校辅导员设置了初级、中级和高级三个层级，并对每个级别辅导员的职业功能、工作内容、能力要求，以及相关理论和知识要求作了详细说明，为辅导员工作的专业化、职业化和专家化发展指明了前进方向。

1. 辅导员职业能力要求

《高等学校辅导员职业能力标准（暂行）》中要求辅导员必须具有大学本科以上学历，要有较强的政治能力，业务强、守纪律，具有端正的作风，思想上熟悉思想政治教育工作的相关知识，具备较强的组织管理能力及语言文字表达能力与教育引导能力、调查研究能力等。

2. 辅导员职业能力标准

为了使辅导员在提升自己的职业能力时有具体的参考标准，《高等学校辅导员职业能力标准（暂行）》对初级、中级和高级辅导员的职业能力作了详细的界定。职业能力标准随着辅导员级别的提升而逐级提高，各项职业技能也有更高要求。

对于辅导员来说，一般从事 1～3 年的辅导员为初级辅导员，4～8 年限的为中级辅导员，8 年以上的为高级辅导员。辅导员工作的年限是根据上述规定来决定的。

从职业能力的要求上来说,该标准主要从思想政治教育、党团和班级建设、学业指导、日常事务管理、心理健康教育与咨询、网络思想政治教育、危机事件应对、职业规划与就业指导、理论和实践研究 9 个方面予以详细归纳。对初级、中级和高级辅导员各设定了 27 条能力要求。

（1）思想政治教育能力

对大学生开展经常性的思想政治教育是高校辅导员的能力表现之一。辅导员要具有主持班会、开展谈心谈话、细致观察、调查研究、讲授思想政治教育课程的能力,并能根据当前的时政热点对学生进行思想政治教育,然后通过科研助推大学生思想政治教育工作。

（2）党团和班级建设能力

班级是辅导员开展工作的最基本的单位,党员、团员又是班级的核心组成部分。辅导员要有凝聚班集体、指导全体学生的能力,要能够从班级中选拔优秀的学生进入党团组织,并调动他们为班级服务的积极性,通过榜样的力量促进班风的良性循环和班级同学的共同进步。

（3）学业指导能力

学生的智育发展是整个大学生活的核心,认真学习科学文化知识是大学生的职责所在。辅导员要掌握所带专业学生的培养计划,深入了解学生所学的专业知识,在学生选课、挂科、补考时给予有针对性的指导。对于成绩差的学生,辅导员要能够发现问题的所在,并能及时采取相应的方案调动学生继续学习的积极性,最终完成学业。

（4）日常事务管理能力

对大学生的日常事务进行管理服务最能反映辅导员的综合能力。辅导员要具有综合性的知识和技能,能够根据相关政策处理新生入学、新生军训、奖学金评定、贫困生认定、优秀学生评选、团学活动、毕业生离校等工作,使各项工作公开、公平、公正,让学生信服。

（5）心理健康教育与咨询能力

近年来,随着高校学生数量的增加,有心理问题的大学生呈上升趋势,不少学生因为经济问题、学业问题、情感问题、就业挫折而产生各种各样的心理问题。这就需要辅导员在平时的工作中学习心理学方面的知识,掌握一定的倾听、共情、尊重等心理学技巧,在实际工作中及时发现学生的心理问题,并运用专业知识给予帮助。

同时，辅导员在工作中要能够相对系统地组织开展心理健康教育活动，通过培养心理委员、宿舍长等班干部，引导学生自我管理、自我救助，以及与朋友互助的能力，指导学生社团开展形式多样的心理健康教育活动。

（6）网络思想政治教育能力

中央 31 号文件强调，"要加强互联网思想政治工作载体建设，加强学生互动社区、主题教育网站、专业学术网站和'两微一端'建设，运用大学生喜欢的表达方式开展思想政治教育"。辅导员在平时的工作中，要能够围绕学生关注的重点、热点和难点问题，进行有效舆论引导，丰富网上宣传内容，把握网络舆论的话语权和主导权，通过 QQ、微信、博客、微博、校园交互社区等网络平台对大学生开展网络思想政治教育工作，主动发布相关内容，吸引学生浏览、点击和评论，引导学生正面、积极地进行网络参与。

同时，辅导员要能够熟练运用相关社交技术，能通过网络舆情及时发现问题并妥善处理。辅导员要教育学生在网上自我约束、自我保护，加强对学生的网络行为的教育引导，有效控制事态的发展。

（7）危机事件应对能力

学校生活可能会出现各种突发事件，保障学生的安全稳定是辅导员的根本工作，让每一位学生在大学生活中安全、健康也是家长和老师的共同期盼。所以，在遇到紧急的突发事件时，辅导员要有很强的处理危机能力的反应，及时地找到事情的起因，及时解决，避免将事情扩大。同时，辅导员也要第一时间与校领导、学生家长和保卫处进行联系，在事情结束后及时地进行总结、吸取教训，写出书面材料逐级上报，并通过主题班会警示同学们时刻注意安全，不要做出过激的行为。

另外，辅导员要善于指导班级中的党员、干部做好班级学生的摸排工作，教会党员、干部在遇到异常的学生及危机事件发生时的基本处理方法，让他们发现危机问题首先联系辅导员，确保辅导员能够在事件发生的第一时间赶到现场。

（8）职业规划与就业指导能力

最近几年，全国普通高校毕业生人数众多，就业压力的逐年增大给大学生的求职带来了很大的压力。辅导员在处理毕业班事务时，要不断提升自身的职业生涯规划指导能力，并能够根据当前的就业形势及时准确地查找并发布就业信息、解读就业政策，指导学生制作简历并传授其他求职技巧，引导学生树立正确的就业观。同时，辅导员要具有讲授职业规划与就业指导课的能力，让更多的大学生在理论和实践中掌握求职技巧，找到合适的工作。

（9）理论和实践研究能力

辅导员要走专业化道路，就需要具备敏锐的观察力、深厚的思考力及过硬的学术研究能力。辅导员在从事大学生思想政治教育和日常学生事务管理工作的同时，一定要具有不断学习最新的理论知识、把握国内外学生事务工作前沿发展的能力。科研水平的提高，理论素养的提升，职称职级的晋升，将会更进一步提升辅导员的职业能力，促进实践工作的进展，辅导员也才能真正走上职业化的道路。

第二节　高校辅导员队伍建设现状

一、辅导员队伍建设的工作现状

（一）辅导员队伍建设的现实结构

1. 基本模式

辅导员的基本类型有专职辅导员和兼职辅导员两种，相应的队伍建设类型主要有三种基本模式：专职辅导员队伍、兼职辅导员队伍和专兼职结合的辅导员队伍。目前，在大多数高校采用专兼职相结合的辅导员队伍模式，只有少数高校采用单一的兼职模式和专职模式。

兼职辅导员模式的典型就是"清华模式"。清华大学从辅导员制度创建至今，一直坚持"大多数人兼职、少数人专职"的辅导员模式。绝大多数辅导员是兼职人员，既要从事学生思想政治教育工作，又要承担学习或教学科研任务，将思想政治教育工作与日常业务工作进行有机结合。在兼职辅导员方面，同济大学开展设立"社区辅导员"制度，每年从在读硕士研究生中公开招聘50余名品学兼优的学生党员进驻本科生宿舍，担任社区辅导员，指导学生社区文化、精神文明、党团建设等活动。复旦大学以"人才工程"形式，聘请研究生担任兼职辅导员。

辅导员制度的基本模式是专兼职队伍模式，为大多数高校所采用。在专职的基础上，一些高校开展"流动性专职辅导员"尝试，即选拔优秀本科毕业生从事短期的专职辅导员（一般为 2 年），期满后免试攻读研究生，毕业后再视情况留任的用人模式，以优化人员结构，增加人才储备。

2. 性别结构

根据调查可知，在辅导员队伍的性别分布上，女性辅导员偏多，男性辅导员偏少，表现出一定的性别失衡现象。出现这种现象的原因有：在传统观念中，高校教师和管理岗位稳定，相对适合女性；男性的社会期望较高，而辅导员薪资待遇、职业发展期望偏低，男性选择辅导员岗位的人数相对偏少；女性具有亲和力强、注重协调人际关系等特质，符合辅导员岗位中的教育、管理、引导等职责需要。总的来说，不同性别的辅导员开展工作时各有优势，但是从高校管理干部的储备角度来看，辅导员的性别失衡会给高校干部队伍结构带来一定的影响，应当通过一定的政策引导，尽量避免或减弱这种倾向。

3. 年龄结构

高校辅导员队伍的年龄结构普遍呈现出低龄化、年轻化的特点，究其原因，首先，辅导员作为学生思想政治教育和学生管理工作的一线人员，直接面对学生的学习、生活、情感等问题，岗位职责要求决定了队伍的年龄结构。在日常工作中，辅导员往往需要付出 8 小时工作时间之外的更多的时间和精力去处理工作上的事情。其次，自中央 16 号文件和教育部第 24 号令发布以来，按照配比要求数量，各高校均加大辅导员建设力度，招聘了大量新任辅导员，致使辅导员队伍趋于年轻化。再次，在一些高校中，辅导员是行政管理队伍的重要来源，许多经验丰富、工作出色的辅导员被调任到行政管理岗位，也间接导致了现职辅导员的年轻化。

通过细分辅导员年龄结构，可以发现两个方面的问题：第一，长期以来辅导员队伍建设缓慢、滞后，导致辅导员队伍中部分辅导员年龄偏大、能力偏弱、动力不足。一些高校将辅导员岗位作为教师分流的岗位去向，一些不适合教学岗位的老师转到辅导员岗位，但由于缺乏相应的知识和技能，难以胜任职业发展的要求，长期滞留在辅导员岗位上。第二，伴随着新进辅导员数量的激增，相应的辅导员岗位培训、能力训练明显不够，辅导员能力缺少必要的保障和支撑。尽管年轻辅导员工作热情高、精力充沛，但存在经验不足、相对浮躁等特点，难免浮于表面、忙于应付，做不深、做不实工作的情况也屡有发生。

4. 学科学历结构

辅导员队伍的学科学历结构逐渐呈现出高学历的态势。早期辅导员均为大学毕业生留校担任，大多数辅导员拥有大学本科学历。近年来，高校招聘辅导员都普遍要求硕士研究生学历，具有博士研究生学历的辅导员人数也在逐年增加。高学历的趋势提高了辅导员队伍知识和技能的层次，为职业化、专业化奠定了很好的基础。从专业背景来看，辅导员队伍百花齐放、各有千秋，呈现出多样化特点。一方面，多数辅导员配备在基层，需要与不同专业的学生打交道，丰富的专业背景有利于辅导员贴近不同类型学生，更加有效地开展工作。同时，从对辅导员的职业定位来看，"人生导师""健康成长的指导者和引路人"等角色需要辅导员具有更加专业化的知识结构，教育学、管理学、政治学等专业背景的辅导员比例又偏少，给辅导员专业化带来一定的负面影响。

5. 配备结构

根据相关要求，高校专职辅导员总体上要按照 1:200 的比例配备，保证每个院（系）的每个年级都有一定数量的专职辅导员。但在实际工作中，不少高校未能达到这个标准，有的只达到 1:300，甚至更低。辅导员的配备比率偏低，工作任务繁重，行政事务类工作挤占思想教育类工作成为一种普遍现象。

从层级分布上看，辅导员基本配备在基层和一线，分布在专业院系中，学校层面的主要分布在心理咨询中心、就业指导中心及管理部门等，但大多数高校并不将这类人员计算在辅导员队伍之中。从服务对象上看，队伍中出现辅导员不协调的现象，主要表现为本科生辅导员多、研究生辅导员少，有的高校没有配备专职研究生辅导员。尽管近年来研究生思想政治教育工作日渐受到重视，但辅导员配备缺乏明确的规定，教育部第 24 号令中并没有针对研究生辅导员配备比例的明确规定，由高校自行制定相关政策。

（二）辅导员队伍建设的管理情况

1. 辅导员队伍的管理主体

辅导员队伍的管理主体是指高校对辅导员队伍进行领导和管理的机构。目前，各高校普遍采用校院两级的辅导员队伍管理主体设置。学校层面成立辅导员队伍建设领导小组（或工作小组），由学校党委书记、校长或分管学生工作的校领导担任组长，成员单位包括学校组织、人事、学工、团委等部门。领导小组委任职能部门（一般为党委组织部）为辅导员队伍管理的日常管理机构。在院级层面，由各院级党委副书记对本院辅导员进行领导、指导和管理。这样的辅导员管理主体设置，既统筹整合了辅导员队伍建设相关职能部门，能够在全校层面形成工作合力，又兼顾了各职能部门的工作主动性，便于工作的开展。

辅导员队伍管理主体设置虽然从组织构建上保证了对辅导员队伍建设的重视，但是在实际运作上还存在一些问题。一些高校辅导员队伍建设领导小组的职能未能充分发挥，机构设置形同虚设；在关乎辅导员培养和发展的诸多问题上，相关职能部门协同不足，没有真正形成有效的协调机制，直接影响了辅导员队伍建设的整体效能。

2. 辅导员队伍的职能界定

辅导员队伍的职能界定即对辅导员的具体工作内容作出规定。目前，各高校对辅导员队伍职能界定基本上按照国家相关文件要求，将辅导员角色定位为教师和管理干部的双重身份，将辅导员队伍工作职能定位为对学生开展思想政治教育、专业学习、心理咨询、职业规划、就业指导、勤工助学等各种辅导性工作。部分高校通过出台相关制度或文件，规定了辅导员队伍的职能，但是也有一些高校没有专门的文件来界定辅导员队伍的职能。

尽管对辅导员队伍职能定位有了统一要求，但是由于辅导员队伍管理主体的多元化，辅导员承担了党政部门的各种工作安排。辅导员在校内受到学工部门、校团委、教务处、就业中心等众多部门的领导和管理，负责教学、思政、就业、稳定等相关工作，在实际工作中常常超出本身职责范围。

3. 辅导员队伍的培养培训

近年来，各高校逐渐重视辅导员队伍的培养培训，基本都会定期开展辅导员队伍的相关培训，包括岗前培训、业务培训、课程学习、形势讲座等。有条件的高校每年还会选送一批优秀辅导员参加国内外的专题培训，多层次提高辅导员的知识素质和业务能力。

高校在培养和培训方面的重点各有不同，例如，北京师范大学定期开设多层次、多样化的辅导员培训课程，既涵盖教育学、心理学、社会学、管理学等领域的培训，也包括"自杀鉴别与预防"和"职业生涯规划"等专题讨论，同时还提供丰富的社会实践活动和专项调查。此外，该校坚定地进行新辅导员的岗前培训，培训内容涵盖学生事务管理、心理辅导、生涯规划、学生安全和身体健康等方面；持续开展辅导员学术沙龙活动，举行有关大学生心理健康教育和就业生涯规划的学术研讨。同时，该校还相继举办了全国"大学生心理咨询硕士学位班""学生事务管理硕士学位班"和"心理辅导博士高级研修班"，以推动辅导员队伍的专业化建设。复旦大学为辅导员设立每年 5 万美元的"青年精英培养基金"，辅导员可参加中美文化交流访问、考察访问香港特别行政区等活动。同济大学实施辅导员专业水平提升计划，建立和完善辅导员队伍专业培养体系，对辅导员队伍实施多层次、分形式的培训，组织实施"新任辅导员培训计划""骨干辅导员发展计划""资深辅导员提升计划""专家型辅导员梯队建设计划""青年英才计划"等，并将辅导员队伍建设纳入学校师资队伍整体建设规划。

辅导员队伍的培养培训虽然经过了一些有益探索，但是仍然存在一些难以解决的问题。一是培训组织机构未统一，学校相关职能部门都可以开展辅导员的培训，造成职责不清、分工不明，容易产生培训内容重复或缺失等现象，难以让辅导员在固定时间进行系统培训。二是培训内容不系统，对辅导员队伍的培训基本停留在岗位职责介绍、工作总结学习、政策法规解释、形势政策解读等方面，培训内容的简单无序必然影响培训效果。三是培训周期短、培训形式单一，辅导员培训方式一般采取专家讲课或集体参观考察等，分组讨论、案例分析研究及团队训练等互动式学习和研究式培训相对较少；培训往往点到为止，缺少深入的研究和探讨。

4. 辅导员队伍的考核激励

各高校普遍实行校院两级的管理考核体系，学校制定学生辅导员管理办法，学生工作部门与各院系共同负责辅导员的选拔、培训、考核、奖励和经验分享等事务。各院系负责日常管理、考核辅导员，学年末根据考核结果及各方面意见初步评选优秀辅导员，报告学生工作部门。随后，辅导员建设领导小组进行全面评估，并报告学校审批，对优秀辅导员予以奖励。

以湖南大学为例，该校坚持对辅导员的工作实行量化考核，明确目标和要求。专职辅导员的工作年限通常至少为 4 年，新聘辅导员最少在学生园区居住 2 年。该校实施"学生代考、安全事故、私自租房和学生党员严重违纪"的零指标目标管理，在专项的"黄智勇奖教金""熊晓鸽奖教金"及"师德标兵"评选中，设立单独指标，对表现优秀的辅导员给予奖励，分别授予 10 000 元和 4 000 元的经济奖励。复旦大学全面实施推行 360 度考核法，每名辅导员不仅要接受来自"上下"体制的工作考评（职能部门和学生），还要接受"左右"体制的工作考评（同事互评和自我总结）。浙江大学则开展辅导员辨识率考核，通过随机抽取的方式考察辅导员对分管学生基本信息、针对性工作的掌握情况。

从实际情况来看，高校辅导员的考核激励工作仍然存在许多不足，如考核功能模糊、考核指标不科学，以及考核与激励之间的关联薄弱等问题。

首先，考核功能并不明确。理论上讲，高校辅导员的考核应作为奖惩、晋升、续聘的主要依据，但实际上，许多高校的考核过程只是为了考核本身，这削弱了绩效考核的信度和效度，无法全面准确地反映辅导员的工作绩效，使得考核的积极作用无法得到体现，功能失效。

其次，考核方法缺乏科学性。对具体的考核指标和权重设置没有进行科学的分析和调整，导致辅导员绩效考核方法存在对显性工作过于重视、对隐性工作忽视的倾向。即使采用量表式自我评价法、系统内部述职法、360 度考核法等方法，仍无法克服这一缺陷。

最后，考核结果与激励机制相互割裂。考核结果与激励应该是相辅相成的，但部分高校并未将考核结果作为激励的依据，导致考核结果失去其应有的价值，削弱了激励机制的作用。

（三）辅导员队伍建设的发展状况

1. 支撑条件

为促进辅导员发展所提供的政策、资金、待遇、工作条件等即辅导员队伍发展的支撑条件。具体来讲，一是制定相关制度，一些高校针对辅导员队伍建设出台了专门的制度，对辅导员的职责定位、选聘任用、培养发展、考核晋升都作出了细致明确的规定。二是资金支持，加强辅导员队伍建设需要必要的资金投入，资金投入的多寡会直接影响辅导员队伍发展的成效。各高校的资金投入差别较大，主要受制于各高校规模、筹资渠道等各方面因素。三是工资待遇，由于地域、高校层次的不同，高校辅导员工资待遇不具有横向可比性。在具体高校内部，辅导员工资待遇一般处于本校中下级水平，基本与行政管理类人员持平，低于教师科研类人员。四是工作条件，各高校基本能满足辅导员开展工作所需的工作条件，部分高校的网络化程度较高，为辅导员开展工作提供了较好的网络信息支撑。

2. 准入机制

辅导员队伍发展的准入机制突出表现在辅导员的选拔任用上。当前，辅导员的选拔任用普遍表现为准入标准越来越高、机制越来越完善、程序越来越严格，在学历层次、学科背景、学生工作经历等方面均提出了比以往更高的要求。

我国高校辅导员队伍的选拔和任用过程暴露出一些问题。第一，没有建立科学的选拔标准和招聘体系。部分高校的辅导员职业准入标准存在指标不明确及难以满足职业素养要求等问题，导致选拔出的部分辅导员技能欠佳、素质不足专业化程度较低。第二，原则性选拔标准不明确。虽然教育部对高校辅导员职业准入标准作了原则性规定，如"政治强、业务精、纪律严、作风正"，但许多高校缺乏统一的文件政策解释和详细的执行规则，这使得在辅导员选拔招聘过程中，对原则性标准难以把关。第三，辅导员选拔标准与职业素质要求存在不符的情况。辅导员的主要工作职责与当前选拔招聘标准设置不一致，部分高校通常仅采用政治面貌、学历、性别、年龄、毕业学校类型及学习成绩等容易测试的简单标准作为主要评价指标，而对于辅导员的德性和才性标准，规定相对模糊，且在笔试、面试环节难以有效评估。第四，辅导员招聘范围过窄。部分高校在辅导员候选人的招聘范围上存在地域限制、经验要求、名校偏好、学历歧视及性别歧视等现象。

3. 路径通道

辅导员队伍发展的途径主要包括两个方面，即职务职称晋升和辅导员的分流。一方面，在职务职称晋升方面，各高校通常实行辅导员双岗制，这意味着辅导员既具备专业教师身份，也具备行政管理身份。有些高校在辅导员专业技术职务评审中采取"岗位单列、序列单列、评议单列"的方式，为辅导员专业技术职务发展铺平道路，即所谓的"教授辅导员"发展路线。另一方面，在辅导员行政级别晋升中，有些高校实行副科级、正科级、副处级、处级辅导员，即所谓的"处级辅导员"发展路线。这些措施在一定程度上有助于稳定辅导员队伍，并引导辅导员队伍向职业化、专业化方向发展。

尽管各高校都基本明确了辅导员队伍发展的路径通道，但是在具体操作层面仍不完善。在职务职称晋升方面，辅导员的职称晋升要求基本都是参考本校思想政治专业的职称晋升要求。由于辅导员事务工作繁多，极少能够满足职称晋升，尤其是教授职称晋升的条件，客观上阻碍了辅导员的职称晋升。辅导员职务晋升亦然，副处及以上职务屈指可数，辅导员实际的职务晋升困难重重。大部分辅导员基本就是讲师、正科到顶。而对于辅导员分流，各校缺少规划，基本都是辅导员根据自身实际，选择竞争其他岗位来实现分流。

4. 载体建设

载体建设中的载体指国家、地区、高校为促进辅导员队伍发展所搭建的平台，均为辅导员队伍发展的载体。

（1）在国家层面设立辅导员基地和辅导员协会。教育部制订了《2006—2010 年普通高等学校辅导员培训计划》，在 5 年内分批选拔 5 000 名和 500 名优秀辅导员攻读硕士和博士学位。从 2005 年开始，教育部每年选派 30 名左右的辅导员进行为期 3 个月的出国培训。另外，全国建立了 21 个辅导员培训基地，相继成立与辅导员发展相适应的职业性、社会性团体组织。2008 年 7 月，山东大学成立了"全国高校辅导员工作研究会"，这是唯一一家全国性辅导员行业学术组织，它通过举行辅导员论坛、评选辅导员年度人物、编辑发行《高校辅导员》杂志等，推动辅导员的专业化职业化建设。

（2）在高校层面，以西南交通大学为例，该校高度重视辅导员学术研究团队的建设。校方依托马克思主义理论与思想政治教育博士点，根据辅导员的发展愿望和专业背景，组建了包括学生党团建设、心理健康教育、校园文化、网络思想政治教育、大学生生涯辅导等在内的 10 个辅导员学术研究团队，并聘请副高以上职称的教师担任团队指导教师，以团队形式进行学术研究和工作研究，支持辅导员向专家化方向发展。同时，该校设立学生工作信息资料中心，每年投入 20 万元作为学术团队研究基金。上海工程技术大学为了整合学生工作队伍的人力资源优势、提高工作效果和质量、建立学生工作创新平台，组织成立了多个"辅导员工作室"，如就业指导与职业教育咨询工作室、党团建设教育工作室、心理健康教育工作室、学生社区服务工作室、思想政治教育工作室、产学合作教育工作室、学生事务法律咨询工作室、辅导员培训工作室（辅导员沙龙）等，从而全方位提升辅导员的综合业务能力，满足新时期学生思想政治教育工作的需求。

二、辅导员队伍建设的主要问题

（一）辅导员队伍的核心定位

1. 工作专业化不明确

辅导员在负责学生思想政治教育的同时，也需要投入大量时间和精力协助各职能部门处理日常事务。俗话说，"上面千条线，下面一根针"，这形象地反映了辅导员的日常工作状况，他们实际上成为"保姆""消防队员""办事员"和"勤杂工"等，充当学校管理服务工作的"万能工具"。这种现象不利于辅导员专业化发展，只有分工明确、职责清晰、专职专能，才能有效推动辅导员队伍走向专业化。

2. 职业信念虚化

年轻人选择辅导员岗位的主要原因可能是考虑到当前严峻的就业形势，另外也想通过辅导员岗位将来转岗为干部或专业教师。因此，辅导员队伍的流动性较强，职业倦怠现象屡见不鲜，主要表现为失去工作激情、情绪烦躁，工作态度消极、缺乏服务意识，自我效能感降低、工作信心丧失。

3. 角色定位出现偏差

教育部为辅导员设定了三种角色要求：教育角色（大学生的人生导师）、管理角色（大学生日常思想政治教育和管理的实施者、组织者和指导者）、服务角色（大学生健康成长的贴心伙伴）。同时，相关规定明确要求辅导员的主要工作职责集中在思想政治教育，包括学生党建和团建、评优评奖、违纪处理、就业指导、心理咨询等。然而，在实际操作中，辅导员面临多重管理和领导的压力，其身份未得到科学的定义，这加重了辅导员的工作负担，削弱了其核心角色，特别是在教育和服务方面的作用不明显。由于学生人数的增长和特征多样化，辅导员在承担大学生"人生导师"的职责时，还必须应对大量繁琐事务，导致辅导员左右为难，造成"辅而不导"的局面，从而削弱了思想政治教育功能的实现。

（二）辅导员工作的评价

1. 考核缺乏针对性

辅导员经常处理繁琐且琐碎的日常事务，其工作的量化和质化评价尚未完全统一。高校通常使用德、能、勤、绩、廉五个指标对行政管理干部进行考核分级，尽管这种方法操作简便，但没有充分考虑到辅导员职能范围广泛的特点，无法真实全面地反映辅导员的工作特性和能力。对于辅导员的某些特殊工作，如学习困难学生的转变情况和奖助学金评选等，缺乏合理的评价方法。

2. 专业评价和行政考评存在矛盾性

高校应将辅导员队伍建设视为教师队伍和管理队伍建设的关键部分，这意味着辅导员可以在职务晋升方面选择行政职务晋升和专业技术（教师）职务晋升两个途径。然而，事实表明，行政晋升受到行政编制的限制，而专业化晋升同样需要一个类似于"专职辅导员评聘"的组织进行评审，这些都使得辅导员晋升遇到困难。在具体职称评审过程中，以教学科研为主要职能的高校可能对辅导员从事学生工作成果的"合法性"产生质疑，即便参与了教学职称评定，一线辅导员的职称仍难以晋升。

除了受辅导员自身知识、能力等主观因素影响，上述情况出现的最主要的原因在于高校并未将辅导员的职称评审单独进行，而是将辅导员与思想政治教育系列专业课教师一同进行评审。在科研、课时等方面，高校缺乏针对辅导员的政策倾斜或特殊政策考虑。

（三）辅导员队伍的职业通道

1. 育人功能淡化

辅导员是大学生思想政治教育工作的核心力量，扮演着重要角色。《普通高等学校辅导员队伍建设规定》对辅导员的角色和职责作出明确规定，强调辅导员在高校学生日常思想政治教育和管理工作中的组织、实施和指导作用，要求辅导员努力成为学生的人生导师和成长过程中的贴心伙伴。然而，随着高等教育大众化的推进，学生数量增长，教育需求发生变化，"00后"独生子女逐渐成为高校学生主体，各种常规和非常规矛盾问题不断涌现。面临提高学生管理水平的压力，学校各级领导和相关部门对辅导员的期待逐渐提高，辅导员的工作也变得越来越繁重，可谓"上有千头线，下承一根针"。

繁琐工作的压力使辅导员难以关注专业素养的提升，忙于应对各种事务性工作而忽略了对学生进行思想政治教育。这种压力的加大和育人功能的削弱会反过来加剧辅导员的职业恐慌，影响辅导员队伍的健康发展。

2. 队伍的稳定性不足

人们常将辅导员队伍视为专业教师队伍之外的存在，认为仅有学术专业人才才能称为教师，而辅导员更多地被视为教学辅助人员或普通行政管理人员，凡是与学生相关的任务都可以交由辅导员负责。这给辅导员带来巨大的心理压力，以及不堪繁重的工作负担。另外，目前高校的行政管理用人制度使得辅导员成为一种过渡性职业，无法长期从事。

有的辅导员因工作需要而被调至专门的行政管理岗位，有的则将辅导员工作视为跳板。辅导员岗位的高流动性导致辅导员队伍成为为其他职位培养和输送人才的"水库"和"造血器官"，自身却"贫血"严重。辅导员在职业、学术和管理领域的弱势地位使他们对工作发展和前景缺乏期待，整个职业领域也缺乏活力。

3. 学校整体发展与辅导员个体发展目标较难统一

在实际工作中，辅导员往往承担大量日常的行政管理事务，但辅导员的认同感和归属感体现缺失，辅导员被当成辅助人员，造成学校的要求与辅导员的诉求难以协调统一。学校的整体发展中缺少对辅导员职业发展的考量，这对辅导员队伍建设产生非常不利的影响。具体表现在以下方面：一是辅导员工作忙于事务，工作强度大，科研水平低，对学生引导不够，同时，辅导员岗位流动性大，安心岗位比例偏低；二是队伍结构比例失调，队伍普遍年轻缺乏经验，素质参差不齐，且角色定位职责不够清晰，工作任务繁重；三是岗位要求高，待遇偏低；四是考评体系不完善，降低了工作效率和积极性；五是职业发展空间有限，容易出现职业倦怠等现象。

（四）辅导员队伍的能力素质

1. 知识结构与理论修养不足

由于高校辅导员队伍的学科和专业背景原因，辅导员群体对于与教育相关的基础性知识掌握不够，理论水平显著不足。辅导员的工作只有与时俱进地把握时代特点和青年发展的变化规律，不断改进工作方式、与时俱进，才能增强工作的适应性和灵活性。

在专业知识上，辅导员职业本身要求从业人员要掌握思想政治教育、教育学、社会学、心理学等多学科的专业知识，具有较高的专业素养和较为丰富的经验积累。在现实情况下，辅导员队伍整体上存在着专业结构、学历结构不合理等问题，这些问题成为辅导员职业能力建设的不利影响因素，从而降低了辅导员威信、损害辅导员队伍的形象。

在理论水平上，辅导员队伍属于高校思想政治教育队伍的有机构成，其首要任务就是贯彻国家意志和社会要求，促进学生的成长和发展。辅导员应当具有基本的政治素养和良好的政策理论水平，拥有把握社会主流意识形态的能力，并具备"培养什么人"的判断力和自觉性。在具体工作中，只有掌握了较好的理论水平，才能够较好地引导学生树立坚定的理想信念、服从党的指导思想，为社会主义伟大事业培养继承人，不断提升政治理论功底和实践运用能力，增强大学生思想政治教育的主动性和针对性。

2. 能力素质提升尚有空间

辅导员群体整体上呈现年轻化的倾向，一般入职的都是应届毕业生，既缺乏工作经验，又欠缺相应的能力和素质，但在短时期内提升个人综合素质和能力较为困难。结合辅导员专业化发展的新要求，辅导员工作对个人的综合能力要求日益提高，迫切需要有针对性地加强辅导员队伍的能力素质建设。

研究性学习是辅导员职业发展的重要途径，其中分析问题能力尤为重要。辅导员要努力培养科学分析能力，对形势发展进行分析，对实践效果进行判断，并能作出合理的工作计划。同时，辅导员需要具备强烈的责任意识和敬业精神，以精益求精的态度不断增强管理和服务学生的能力，在处理纷繁复杂的学生日常事务的过程中要努力实现个人的成长与发展。

科研能力是辅导员工作的一项基本能力。要实现辅导员由实践型角色向实践研究型角色转变，建设国家要求的专业化辅导员队伍，提升辅导员学生管理工作水平，提高大学生思想政治教育水平，从而使辅导员达到"人师"的境界，必须提升辅导员的科研能力。辅导员所从事的工作，以引领性、实践性和助力性为主要特点，既有长期实践的经验总结和前人的言传身教，也需要抓住当前社会变化和学生发展的新情况，有针对性地研究辅导员工作的新方法、新规律和新路径，使辅导员工作脱离只有实践的角色，进入更深、更高的发展层面。

三、辅导员队伍建设的机遇与挑战

（一）全面提升高等教育质量的时代要求

1. 全面提升高等教育质量

随着我国高等教育的稳步发展，高等教育发展目标逐渐发生转变，即从过去注重数量和规模向注重质量和效益转变。现阶段，我国高等教育发展的核心任务是全面提高教育质量，这是实现教育强国战略的基本要求，也是当前高等教育改革发展的主旋律。

2. 提升高等教育质量的基本途径

为全面提升高等教育质量，要从以下几个方面提升高等教育质量，包括提高人才培养质量、提升科学研究水平、增强社会服务能力及优化结构办出特色等。

（1）提高人才培养质量。重视提高人才培养的质量，即要"着力培养信念执着、品德优良、知识丰富、本领过硬的高素质专门人才和拔尖创新人才"。高校应加大教学投入、加强基本教学设施的建设、深化教学改革、推进和完善学分制、强化实践教学环节、加强就业创业教育和就业指导服务、严格教学管理、健全教学质量保障体系等，通过全方位的途径和手段全面提高人才培养的质量。以上途径和措施的直接目标就是"充分调动学生学习积极性和主动性，激励学生刻苦学习，增强诚信意识，养成良好学风"，最终全面提升高校人才培养的质量。

（2）提升科学研究水平。科研水平是反映高等学校综合实力的重要方面，在社会发展和变革中发挥着重要的作用。要鼓励高校在知识创新、技术创新、国防科技创新和区域创新中作出贡献。在这一要求下，高校应注重科研平台建设，加强基础研究和应用研究，促进科研与人才培养的互动与结合，同时"完善以创新和质量为导向的科研评价机制"，以此促进高校科研水平的提升。

（3）增强社会服务能力。社会服务是高校的重要功能之一，也是高校加强与社会联系的必要手段。高校需要树立积极的社会服务意识，提升社会服务能力，全方位开展社会服务。具体而言，高校可以从加快成果转化、进行科普教育、推进文化传播、参与决策咨询和开展志愿服务等方面深化社会服务水平，提升社会服务的能力。

（4）优化结构办出特色。优化结构即要适应国家或区域经济和社会发展的需要，建立动态调整机制，优化学科、专业、类型、层次结构，促进多学科交叉和融合，大力培养应用型、复合型、技能型人才。另外，从国家教育资源平衡发展的角度出发，高校需要进一步加大对中西部地区的招生规模，为地区性人才培养作贡献。在高校竞争日益激烈的今天，高校应当对自身进行合理规划和定位，尽量克服同质化倾向，在发展过程中努力结合自身的优势和特点，形成各自的办学理念和风格，在不同层次、不同领域办出特色。

3. 辅导员队伍建设面临的机遇

要全面提升高等教育的质量，核心问题还是人，这个"人"主要指高校的教师队伍。大学的教师队伍在一个大学里发挥着核心的作用[1]，辅导员是大学教师队伍中不可分割的重要部分。要提升高等教育质量、实现立德树人任务，辅导员队伍是一支关键的依靠力量。因此，辅导员队伍的建设和发展需要在提升高等教育质量这个大背景下进行规划和设计，而提升高等教育质量也需要将辅导员队伍建设和发展纳入到大学整体立德树人体系中去。正确处理好二者的关系，能够有效提高人才培养的质量，也为高校辅导员队伍建设提供了重要机遇。

辅导员要充分认识人才培养质量的重要性，围绕高校人才培养的根本任务，开展人才培养的实践工作，特别要加强学生教学与实践环节的指导和引导，切实提升人才培养的质量。具体而言，辅导员队伍处于人才培养的第一线，与学生密切接触，可以积极探索人才培养的具体模式和途径，在创新人才培养模式中发挥积极而有效的作用。例如，辅导员可以从社会服务能力入手，开展志愿服务实践活动，提升大学生的综合素质和能力；可以积极推进文化传播，弘扬优秀传统文化，提升大学生的人文素质。

在当前高等教育大众化阶段，大学从传统的知识传授转向社会专门技术人才的培养，高校与社会的交流与合作越来越紧密，社会对大学人才培养提出了

---

① 张维迎.大学的逻辑［M］.北京：北京大学出版社，2012.

新的要求。针对日益扩大的大学职能，辅导员工作要主动融入这些变化，在大学整体变革中找到培养高素质人才的手段和路径。例如，学生规模的扩张与高等教育资源之间的矛盾，使得当代大学生面临的就业问题、经济问题、心理问题、发展问题等日益严峻，辅导员的育人功能就应该适应这些新变化，不断拓展工作内涵，从传统单一的思想政治教育转变为个性化的需求辅导，从而在解决实际需求中更好地做好人才培养工作。

（二）高等教育国际化竞争的巨大挑战

1. 高等教育国际竞争本质上是国家竞争

教育是一个国家面向未来的重要战略，它既是国家综合实力和竞争力的重要体现，也与国家的未来发展有着密切联系。21 世纪以来，世界各国都大力加大对教育的投入，特别是发达国家，更是将教育事业作为国家发展的重要战略，提出优先发展教育的各种计划和措施，以此保持并提升本国教育的世界竞争力。我国同样认识到国家间教育战略的竞争，越来越重视教育的发展，从国家层面相继提出了"科教兴国"战略、"人才强国"战略，也提出了"优先发展教育，建设人力资源强国"的战略决策。

高等教育的国际化发展，有利于适应经济全球化带来的人才竞争局面、培养具备国际视野的创新型人才。然而，国家教育战略竞争的实质是一种国家间在全球范围内争夺教育优势和制高点的竞争，是教育理念、教育方法和教育手段的竞争，全球化使得大学之间的竞争更为激烈。事实上，西方发达国家的高等教育在教育理念、方法和手段等诸多方面已经走在世界的前列，在国际化人才的培养方面对我国高校现有的教育体制形成了极大的冲击。对于我国高等教育而言，国际化进程起步较晚，必须通过坚持高等教育国际化、加强高等教育的国际交流，借鉴和学习国外高校先进的教育理念、教学内容与方法及管理制度，促进我国高等教育的国际化发展。

要实现"科教兴国"和"人才强国"战略目标，高校需要积极应对高等教育国际化竞争带来的挑战，大力促进高等教育的改革与创新。在教育理念上，高校需要加速革新，创新教育理念，加强国际化人才素质的培养；在教育方法上，高校应注重人才的实践教育、创新教育和全球化发展教育；在教育手段上，高校应在世界范围内加强和拓展与国外高校的交流与合作。

2. 辅导员队伍建设在高等教育国际化竞争中的机遇

在高等教育国际化的背景下，要加强辅导员队伍的建设必须深刻理解高等教育国际化趋势导致的人才培养要求变化，进一步认识到人才的培养是全方位、全过程和全要素的结合，既要把培养具有国际视野、国际竞争力的创新型人才作为工作的出发点，也要把培养"可靠""合格"的放心型人才作为工作的落脚点，否则会陷入培养目的和效果"混乱"的境地。同时，要培养国际化人才，还需要打造一支国际化的辅导员队伍，促进辅导员队伍的专业化、职业化发展。辅导员队伍要不断适应高等教育国际化的需求，在学生事务工作、学生管理教育等方面更加体现国际元素，融入国际高等教育的大趋势。例如，通过借鉴国外高校学生事务管理工作的经验，辅导员的工作和分工将会日益精细，专业化程度也会越来越高，学生事务的管理也将逐步向规范化、程序化、法治化发展。

高等教育国际化发展对人才培养提出了更为明晰的要求，国际化人才培养的理念和实践也有了新的内涵。从人才培养上看，高校辅导员需要及时更新教育理念、方法和手段，积极从国际教育的视角审视当前的学生工作，不断学习国际先进的教育理念和方法，逐步将学生事务工作的理念和实践与国际接轨，提升人才培养的服务水平，为提高我国高等教育的国际地位、影响力和竞争力贡献力量。

（三）辅导员队伍自身发展的新机遇

1. 国家政策的有力保障

国家教育行政部门高度重视辅导员在高校人才培养过程中所发挥的积极作用，也非常关注辅导员队伍的建设和发展。自 2000 年以来，在国家政策层面公布和实施了一系列关于辅导员队伍建设的文件和指示，明确要求高校"加强辅导员、班主任队伍建设""重视辅导员和班主任培训""创新德育形式，丰富德育内容，不断提高德育工作的吸引力和感染力，增强德育工作的针对性和实效性"。在这个背景下，各级政府和高校也陆续出台了相应的配套措施来配合国家的顶层设计，以制度性安排和政策强制力，为高校辅导员队伍建设提供细化、到位的保障机制，有效落实和深化辅导员队伍改革和创新发展的思路。

2. 专业化发展的机遇

辅导员职责体现为以学生事务管理为基础、以思想政治教育为核心、以学生发展指导为主体、寓教育于引导服务之中。2014 年 3 月，教育部《高等学校辅导员职业能力标准（暂行）》出台，进一步为辅导员专业化发展指明了方向。在这个国家层面的辅导员职业能力标准中，将辅导员的专业能力发展分为三个等级，即初级、中级、高级；同时，详细厘定了每个等级的工作内容和能力要求，将辅导员工作进行专业功能划分，包括思想政治教育、党团和班级建设、学业指导、日常事务管理、心理健康教育与咨询、网络思想政治教育、危机事件应对、职业规划和就业指导与理论和实践研究九大方面。应该说，辅导员职业能力标准的出台，进一步强调了辅导员的工作目标和具体要求，极大地促进了辅导员工作的职业化和专业化，为辅导员专家化发展奠定了重要基础。不少高校也积极探索、大胆创新辅导员队伍建设，大力推进辅导员专业化发展。我们有理由相信，随着高等教育的持续发展和国家教育政策的不断优化，高校辅导员队伍建设进入了良性发展的新时期，辅导员队伍的基本状况和总体质量得到了显著的提升，已形成一支学历结构合理、工作经验丰富、发展潜力较大的辅导员工作队伍，为下一步的职业化和专业化发展打下了扎实的基础。

3. 职业发展途径的逐步拓宽

职业发展是高校辅导员普遍关心的问题，也是决定辅导员职业是否具有吸引力和活力的重要问题。近年来，各高校一直积极探索辅导员队伍职业发展的良性运行机制。经过实践与探索，结合自身特点，各高校逐渐形成了多种发展路径。概括来说，目前高校辅导员主要有以下几种职业发展途径：一是把辅导员队伍作为后备干部培养，使他们成为高校管理干部选拔的重要来源，积极推荐优秀辅导员流动到校内外其他管理岗位；二是通过人文关怀和文化建设加强辅导员的职业归属感，为辅导员提供职业生涯规划，鼓励和吸引更多的优秀辅导员坚持在辅导员岗位上，走职业化、专家化的发展道路；三是将辅导员评聘纳入到学校教师队伍的评聘制度之中，建立起以工作业绩为主要内容、以学生满意度为重要指标的考核体系；四是根据辅导员的任职年限及工作表现，给予相应级别的行政待遇和倾斜政策。这些途径的探索为辅导员的职业发展提供了较为广阔的发展空间和可能性。

总之，国家从政策和制度层面有力地保障了辅导员队伍建设的职业环境，而辅导员专业化的发展、培养力度的增强和职业发展路径的拓宽，则指明了辅导员队伍工作的发展方向和基本趋势。这既对高校辅导员队伍建设提出了新的要求，也为高校辅导员队伍的发展提供了重要机遇。

第三节　高校辅导员工作的绩效评价建设

一、辅导员工作绩效评价的理念

所谓高校辅导员工作绩效评价的理念，是指评价主体的理念在这项绩效评价活动价值判断过程中的表现，就是评价主体对于评价的认知，以及基于此所确定的行为取向依据，以下是高校辅导员工作绩效评价需要坚持的理念。

（一）客观公正的理念

客观公正属于民主法治社会中一项极其重要的价值取向。如果没有客观与公正，那么这个社会就不会发展，这同样适用于高校辅导员工作绩效评价。换句话说，高校辅导员工作绩效评价务必始终坚持客观公正的理念，避免个人主观因素的介入导致评价工作不公正，使高校辅导员工作绩效评价有统一的标准，进而使辅导员工作绩效评价的真实效果和信誉度得到保障。

组织评价的机构对高校辅导员工作绩效给予评价，其目的在于对当前辅导员工作现状给予既客观又公正的评价的前提下，总结经验，找出不足之处，采取适宜的方法，使高校辅导员摆正自己的位置，并使其对于发展的方向有一个清晰的了解，对工作自信心十足，进而更好地提升高校辅导员工作的实际效果。从另一角度来讲，高校辅导员工作绩效评价无法取代辅导员工作，其最重要的目的是凭借绩效评价，认知实情、掌握现状，从而因材施教。所以，在评价高校辅导员工作绩效评估的时候，务必排除主观猜想或个人情感的介入，务必始终坚持客观公正的理念。

（二）全面整体的理念

全面性指的是对于事物的所有方面都给予照应，从而避免"一叶障目，不见泰山"。整体性是对于个体来讲的，指对于评价环节的所有要素的系统性思考和认知，避免仅仅顾及局部而忽略了全局。各大高校辅导员工作绩效评价环节需要始终坚持全面整体评价这一理念，从整体上认知辅导员工作的规律性，立足全局处理各种各样的问题。在各大高校中，辅导员工作绩效评价涉及很多因素，因此在确立评价标准的时候，务必将各个方面的要素考虑在内；同时，需要把握各个要素之间的关联性，立足全局，正确地看待客观事物，对于高校的辅导员工作有着整体性了解，从而确保评价判断是全面的。

对高校辅导员工作绩效的全面整体评价具体体现在以下几个方面。

其一，不可将高校辅导员工作进行局部分析，需要将其视作一个整体进行看待，站在整体角度评价实际效果，对高校辅导员工作有一个全面的评价。例如，在对高校辅导员个人给予评价的时候，不但需要评价其思想政治素质、职业道德素质、工作能力，还需要对其工作业绩和工作实效给予评价，不能单纯地将某个方面或某个项目是否做得好作为依据，片面地评价辅导员工作，只有如此，才能够真正地反映辅导员的工作情况，推动其持续进步。

其二，使用区别对待的方法，逐个分析各个区域、各个学校、各个专业背景的辅导员有着怎样的实际状况，并把这一实际状况同辅导员工作实效有机结合起来给予分析，不仅要看到共同点，还要看到不同之处，进而促进辅导员更好地发展。例如，在对高校辅导员的工作给予绩效评价的时候，需要将辅导员队伍的工龄、学历、专业、个性、经验等诸多方面考虑在内；需要看辅导员的学历层次是否与学院结构相符，是否具备思想政治教育学、教育学、心理学、法学、管理学等一些有关专业的背景；需要看各个工作年限和从事本行业经验的辅导员分配是不是合理。如果对辅导员个人给予工作绩效评价，则需要根据各个高校、各个专业、各个年级辅导员具体要求的区别，对各个能力等级的辅导员制定适宜的评价标准，使辅导员能够凭借各自的努力达到工作绩效评价标准，欣然面对最终评价的结果。

总而言之，在坚持全面整体评价理念的时候，既强调要对高校辅导员工作绩效评价的整体性，又要注意高校办学特点是否符合要求、学校风气是否好、学生素质是否高，从而给予全方位、整体性的绩效评价。同时，我们还需要注意高校辅导员师资队伍配置是否和谐、衔接是否有序、搭配是否合理，而且需要将所有辅导员的个性特点考虑在内，使得绩效评价工作既全面又综合。对高校辅导员工作绩效评价做到全面性，并非在绩效评价的时候不分主次，而是要对各种要素同等看待。我们需要认真地看待全面性与重点性之间的关系问题，同时需要解决好宏观评价与微观评价之间及整体评价与局部评价之间关系问题。

（三）可持续发展的理念

所谓可持续发展，指不仅满足当代人的需求，同时对后代人的需求不带来危害的发展。此概念是站在人类社会怎样同大自然和谐共处，实现经济发展同人口数量、资源、环境统筹协调，确保人类社会持久发展的角度提出来的。如今这一概念被许多专家、学者关注、分析与研究，自然成了高校思想政治教育发展中的一个十分重要的命题。

可持续发展所强调的社会发展并非一时一刻，而是持续不断的，并非短期性的，而是长期性的。高校思想政治教育属于培育人才的一种社会行为，其本身同时兼备时效性和长效性的特点。不仅如此，很多工作的投入并不能起到立竿见影的效果。对于高校思想政治教育的工作任务来讲，我们也需要始终坚持可持续发展的理念，进而彰显教育对于大学生群体的终身关怀的实质性要求。

如今，高校辅导员工作绩效评价成为高校思想政治教育工作的一个重要组成部分，成了真正提升高校思想政治教育实效性和长效性的一个重要手段。各个高校辅导员工作绩效评价在坚持可持续发展理念的时候，需要做到以下几点。

1. 绩效评价体系的设计需要具备战略性

事实上，战略性就是要彰显高校辅导员师资队伍内部资源与外部机遇之间的适应性，它对于辅导员以后的发展方向有着决定性作用。可持续发展的战略性绩效评价体系设计务必同高校辅导员师资队伍站在同一个高度，致力于使辅导员既职业化、专业化又专家化，促进其综合能力的提升，进而打造出一支高质量的辅导员队伍。鉴于此，在对高校辅导员工作绩效给予评价的时候需要具备前瞻性思维，不仅要看到已经取得哪些成绩，还要看到可能取得哪些成绩；不仅要看到已经发现的不足，还要关注可能发生的问题；同时，需要看到未来的发展方向，将必然性和可能性有机地结合在一起，持续健全绩效评价体系。

2. 构建高校辅导员工作绩效评价的长效机制

各个高校的辅导员是对大学生进行思想政治教育的重要力量，必须有比较长时间的从业经验积累，而且辅导员师资队伍务必要有稳定性。因此，在对高校辅导员的工作绩效给予评价的时候要立足于现实：注重未来发展，构建比较稳定的高校辅导员工作绩效评价机制，增强、深化相应的制度建设，从而使绩效评价工作不会由于领导的变化而变化；要打造一支职业化的绩效评价队伍，这支队伍需要有着较高的职业道德，可以准确地掌握相应的法律、法规、政策，同时对于高校辅导员工作的具体情况要有一个清晰的了解。我们还要对高校辅导员工作绩效评价研究工作给予大力重视，持续总结绩效工作过程中的各种得失，对绩效评价工作的基本规律有一个明确的认知，从而使高校辅导员工作绩效评价体系越来越健全，切实实现其应有的价值。

3. 高校辅导工作绩效评价需要彰显人文关怀

可持续发展理念有着一个极其重要的问题，就是彰显以人为本的思想，不管是关怀当代人的各项需求，亦或是后代人的生存和发展，我们都能够看到"人"自始至终贯穿于其整个体系中。在对高校的辅导员给予工作绩效评价的时候，我们不但需要对其开展工作的过程和实效性予以绩效评价，还要在绩效评价环节彰显人文关怀，对辅导员的学习、生活、工作和思想状况给予极大的关注。辅导员属于高校思想政治教育工作者，因为工作年限、专业背景、学历等诸多方面因素的影响，他们在处理大学生心理问题和思想困惑的时候，自身同样有着认知迷茫、价值迷失方向、发展瓶颈等诸多问题。因此，在对高校辅导员的工作给予绩效评价的时候，我们需要将辅导员自身的成长及营造的人文环境考虑在内，从而确保辅导员队伍不断巩固，工作成绩越来越好。

二、高校辅导员工作绩效评价的主要内容

可以用来评价一支辅导员队伍或个人绩效情况的指标常常很多，不过绩效评价无法做到万无一失，否则就失去了实际操作性，从而使评价失去了应有的意义。因此，高校辅导员绩效评价指标在确定时，应当紧紧围绕绩效评价的目标，并将那些同评价目标之间有着密切联系的内容作为依据。

（一）高校辅导员素质与能力的评价

高校辅导员的素质与能力并非主观的产物，而属于社会的客观性要求，也就是当代高校思想政治教育目的、各项任务的要求，是增强高校思想政治教育实际效果、促进大学生群体德育可持续发展的客观性要求。各个高校辅导员的素质与能力不仅有着同其他专业人才相一致的具体要求，还有自身特殊的具体要求。

1. 高校辅导员应该具备的素质

（1）思想政治素质。各个高校辅导员需要具备相对较高的思想政治素质，理论上要求是中共党员或预备党员。

（2）道德素质。高等院校辅导员的道德素质倾向于品德行为和人格特征方面。

（3）科学文化素质。各个高校辅导员的文化素质倾向于知识层面和学识层面，着重强调知识结构的构建，而且应满足博学多识的要求，各个高校的辅导员应当具备合理、健全的知识结构。

（4）心理健康素质。各个高校辅导员应当有着健康的心理素质，具体来讲有着如下要求：健全自我意识，正确地认知、控制、调整各自的情绪，注意采取健康向上的情感和积极的态度影响大学生群体；有着广泛的兴趣、爱好，主动参与各种学生活动及社会活动；有着比较强的社会责任感、使命感且有着坚定的学习、工作意志；有着良好的生活习惯和健康的生活方式，能够自觉地抵制腐朽文化的侵蚀；有着比较高的自信心和抗压受挫能力。

2. 高校辅导员应该具备的能力

能力是基于人的生理和心理素质，属于在认知和实践过程中形成、发展起来的某种能动力量。从某种程度上来讲，能力是素质在某一特定条件下的外显。新时期，各个高校的辅导员应当具备以下基本能力。

（1）学习能力，指学习政治理论和将政治理论用于实践的能力，以及持续自我更新的能力。

（2）教育引导的能力，包括：组织教育的能力、观察分析问题的能力、疏导说理的能力、协调人际关系的能力。

（3）组织管理的能力，包括：领导管理的能力、统筹规划的能力、科学决策的能力、语言与文字表达的能力、归纳总结的能力。

（4）服务学生的能力，包括：进行心理健康教育的知识与能力、指导大学生学习和选择专业及课程的能力、指导毕业生就业的能力。

（5）应对突发事件和复杂局面的能力。

（6）进行网上教育引导的能力。

（7）从事教学和研究的能力，包括：从事教育教学的能力、开展研究的能力。

（二）高校辅导员工作要求和工作职责评价

高校辅导员的工作性质决定了其工作要求和工作职责，《普通高等学校辅导员队伍建设规定》给予了清晰的规定：工作要求是指对高校辅导员工作所进行的原则性规定，工作职责是指对高校辅导员工作要求的具体化。全力履行工作职责成为做好辅导员工作的一项基本要求，也成为辅导员工作绩效评价的一项重要内容。

具体来讲，辅导员工作有着以下要求：其一，认真做好大学生日常思想政治教育工作、做好服务育人工作、加强高校班级建设和管理；其二，遵循高校思想政治教育规律，始终坚持将继承与创新密切地联系在一起，创造性地开展工作，从而促进大学生更好地成长与成才；其三，掌握高校思想政治教育有哪些理论与方法，持续增强工作技术能力；其四，围绕工作开展各种调查和研究活动，分析受教育者和工作条件的变动，及时变更工作思路和方法；其五，强调使用各种各样新的工作载体，尤其是网络等诸多现代科学技术和手段，延伸工作途径，贴近实际情况、贴近大学生，有的放矢地开展工作，提升工作的实际效果。

（三）高校辅导员的工作结果与工作过程评价

高校辅导员工作绩效通常体现在两个方面，分别是工作结果和工作过程。

其中，工作结果也称作"任务绩效"，是对于各个高校辅导员所承担的工作职责来讲的，也就是辅导员完成工作得到的结果或履行职责得到的结果，比如所带班级大学生提交入党申请书的比率、学生日常行为违规违纪的比率、学生考研成功率、个人获得哪些优秀称号、发表的学术论文有着怎样的等级与篇数等。工作结果成为辅导员工作绩效评价中一项最基本的组成部分，它往往使用可以量化的评价标准。

工作过程称作"周边绩效"，指高校辅导员完成教育工作任务或履行职责过程中有着怎样的行为、态度和素质，比如工作态度、工作表现及人际关系等。它们均不是显性的，不容易量化，通常依靠评价主体的主观判断去评价。

高校辅导员工作是纷繁复杂的，这决定了在对辅导员给予工作绩效评价的时候应当将定性评价与定量评价结合在一起。所以，高校辅导员工作绩效评价除了看其工作结果，还要看他们的工作过程。假如仅仅看工作结果，会使得一些辅导员倾向于"任务绩效"，比如学生考研成功率、发表了多少篇学术论文、走访了多少个家庭等，或者仅仅看重眼前利益，急功近利、急于求成，追求短期目标，降低工作要求，而不愿接受一些新理念、新知识和新经验，在具体工作中不具有创新性，忽略辅导员自身及大学生群体可持续发展的长远目标。假如仅仅倾向于工作过程，则会诱导一些辅导员纯粹地为了获得高的"周边绩效"，比如工作态度、工作表现等，忽略乃至放弃了所应当履行的工作职责。所以，只有把工作结果评价同工作过程评价有机地结合在一起，才能够使各个高校辅导员工作绩效评价既客观又公正、有效。

三、辅导员绩效评价的方法

高校辅导员工作绩效评价的方法和技术属于彰显绩效评价理念与原则的重要载体，其选择和运用究竟是不是合理、是不是科学，均会对绩效评价目标及绩效评价工作的实效有直接影响。本节针对比较常用的、有典型意义的绩效评价的方法和技术进行探究，以下是高校辅导员工作系统的绩效评价方法与技术。

（一）360 度绩效评价法

所谓 360 度绩效评价法是指从与高校辅导员有着工作关系的多个主体那里获取辅导员的信息，从而对辅导员给予全方位、多维度、全面的绩效评价的过程。通常这些信息来源有以下几个方面：来源于上级领导的自上而下的工作绩效评价、来源于下属的自下而上的工作绩效评价、来源于平级同事的工作绩效评价、来源于高校内部有关部分教职人员的工作绩效评价、来源于高校内部大学生的工作绩效评价、来源于高校辅导员队伍或个人的自我评价。

（二）目标管理评价法

"目标管理"这个概念最先是由美国著名学者、管理学大师彼得·德鲁克在其著作《管理实践》中提出。目标管理评价法属于一种科学的、有效的绩效评价方法，其通过明确目标、制订方案、分解目标、贯彻措施、安排计划、组织执行绩效评价等诸多手段完成发展的目标。它将目标作为出发点，紧紧围绕目标的完成制订有关的方案和措施，调动一切力量，使所有人都为了完成各自的目标而积极采取一系列卓有成效的措施，大力发挥所有人的主观能动性，促进组织目标的完成。

目标管理评价法的具体实施属于一个循环往复、螺旋式上升的过程，所以它有着特定的周期性。如果一个目标完成，那么新的、更高的目标就会产生。在这个循环往复、螺旋式上升的过程中，组织也就获取了可持续发展。

在目标管理评价法中，最关键的部分在于制定目标。组织内部的最高层领导者制定出组织发展的长期性目标，然后将整体目标分解为若干个小目标，逐级落到实处，也就是分别为组织、组织内部的各个部门、各个部门的领导者及组织内部的所有成员制定清晰可见的工作目标。

（三）关键绩效指标评价法

关键绩效指标法，英文全称是 Key Performance Indicators，简称 KPI，指凭借对组织内部某个流程的输入端口、输出端口的关键参数给予设定、取样、计算、分析、研究、衡量流程绩效的一种目标式量化管理指标。事实上，二八法则成为关键绩效指标的理论基础，也就是一个企业在创造价值的整个过程当中，所有部门和所有员工的 80%的工作任务是由 20%的关键行为完成的，如果抓住了这 20%的关键点，就意味着抓住了主体。具体来讲，关键绩效指标法属于战略导向的绩效管理系统。关键绩效指标法始终坚持的是"需要哪些就评价哪些"，与传统的"拥有哪些评价哪些"有所不同，既具备计划性，又不失系统性。

关键绩效指标评价法在各个高校辅导员工作绩效评价中的运用，指在制订高校辅导员工作绩效评价指标的时候，并非将他们每一项工作内容均详细地罗列出来，将其作为评价内容，而是根据各项需要，立足于实际情况，选择某些关键的、同组织目标的实现有着相对密切关系的工作内容作为具体的评价指标，进而促使高校辅导员的工作具有针对性，同时更能够发挥绩效评价对于组织目标完成的推动作用和指引作用。

第五章
高校学生事务管理评价体系建设

高校学生事务管理是高校管理的一个重要组成部分，也是高校思想政治教育工作的有机构成与开拓延伸。本章对高校学生的事务管理进行介绍，并阐述了高校学生事务管理的方法及其评价体系建设。

第一节　高校学生事务管理概述

一、高校学生事务管理的概念

高校学生事务管理这一概念最早出现在美国，它随着美国高等教育的发展及其对世界高等教育的影响而逐步被广泛接受。高校学生事务管理是一个历史的、动态的概念，随着社会经济的发展及高校学生事务管理实践的开展等不断得到完善。在这里，以当代社会的发展实际及高校学生事务管理工作的现状为基础，对高校学生事务管理进行界定。

所谓高校学生事务管理，就是"高校的专门组织和学生事务管理者依据国家的法律、政策和人才培养目标，在一定的学生事务管理价值观指导下，运用相关专业知识和技能，合理配置资源，提供为促进学生发展所必需的学生事务的组织活动过程"①。

首先，高校学生事务管理的主体包括专门组织（如学生工作处、校团委、院系学生工作组等）和学生事务管理者。从纵向看，学校专门组织分为校院两级结构，学生事务管理者可分为高层（校领导）、中层和基层人员（如辅导员、相关科室人员）；从横向看，专门组织可按职能设置（如就业办、招生办、资

---

① 吴惠. 顺理举易：高校学生事务管理理论与实务［M］. 北京：中央编译出版社，2012.

助管理科、学籍管理科、宿舍管理办公室等）；学生事务管理者可分为专职人员、兼职人员，或由管理者授权、聘任的参与管理的学生及其他人员。

其次，高校学生事务管理的客体包括受主体影响的人和事，涵盖学生及与之相关的学生事务。

再次，高校学生事务管理以高校学生为起点，同时也以高校学生为终点。因此，推动学生发展是学生事务管理的核心价值和关键使命。

从次，高校学生事务管理的组织活动过程是指高校学生事务管理的主体根据各自的管理职能，运用特定的管理方法和资源进行的实际活动。该过程通常由计划、领导、实施、评估等环节组成。

最后，高校学生事务管理要求管理者必须具备学生事务管理的专业知识和技能。

二、高校学生事务管理的地位

高等教育及高校的顺利发展，与学生事务管理的开展状况有着极为密切的关系。这可以说是对高校学生事务管理地位的生动描述，具体表现在以下几个方面。

（一）承担着完成大学使命的责任

所谓大学使命，主要涉及两方面的内容：一是大学得以存在的理由，即能否为社会作贡献；二是大学所积极追求的价值。通常来说，大学使命的所指是极具概括性的，表明的是大学的未来及其永恒追求。当代的大学在社会发展中起着越来越重要的作用，并承担着多样化的社会责任，如开展教育活动、进行学术研究、进行文化传承与创新等。此外，当代的大学具有对学生进行培养的使命。

在高校的历史发展过程中，大学使命会伴其始终，并对高校的各项工作与活动等给予有效的指导。因此，高校在进行学生事务管理时，也必须自觉地遵循并积极完成大学使命。为此，高校要注意通过相关活动提升学生全面发展或参与社会生活的基本能力（如领导、活动规划与执行、问题解决能力等），切实促进学生发展。

（二）制约着高校学术研究职能的发挥

在高校的职能中，学术研究职能是十分重要的一个方面。高校在促进学生的全面发展时，不能忽视对学生的学术研究能力的培养。高校只有立足时代发展与国家对新知识、新技术的需求，注重培养大学生的科研创新能力，才能在不断增强大学生的社会竞争力的同时，增强我国整体科技实力。为此，高校学生事务管理部门与其他相关部门应共同建立起一套完善的模式，以促进本科生的科研和创新，同时激励更多的教师参与指导本科生科研与创新活动。

近年来，我国高校学生事务管理部门（校团委、各院系学工组等）对于培养大学生的学术研究能力越来越重视，为此经常举办大学生课外学术科技创新活动。如今，这些活动受到了越来越多企业的关注，它们积极参与其中，以期在帮助大学生研究学术理论和科技发明的同时，促进自身的不断发展。

通过上面的论述可以知道，高校有效地开展学生事务管理工作，对于高校学术研究职能的发挥有着重要作用。

（三）影响着高校人才培养的效果

高等教育不论处于哪一发展阶段，其核心任务都是培养人才。因此，在高校管理层面，学生事务管理作为直接作用于学生的管理、指导和服务性工作，以及引导学生健康全面发展的重要手段，被放在了越来越突出的位置。

在 20 世纪 70 年代，美国高等教育机构已逐步认识到将学术事务与学生事务紧密结合的重要性，并明确两者可以围绕学生的学习和发展展开多方面的交流与协作。如今，美国的高校都比较重视学生事务管理工作，不仅设立了专门的学生事务管理部门、赋予其强大的管理功能，而且明确指出学生事务管理人员也是高等教育的教育者，与学术人员处于同等地位，都要承担促进学生健康成长的责任，并致力于培养优秀人才。

对于将高校学术事务与学生事务联系在一起的重要性，我国高校自 20 世纪 90 年代中期以后开始逐渐有所认知，并日益将学生事务管理作为高校实现人才培养目标的一个重要途径。具体来说，高校学生事务管理注重创设良好的校园环境与学习氛围等，促使生活在其中的学生能够在多方面有所发展，如情感方面、道德方面、学习方面等，最终帮助高校实现其人才培养职能。

（四）制约着高校社会服务职能的深化

在高校的职能中，服务社会也是一项重要职能。伴随着社会经济的发展及高等教育改革的不断深入，高校为社会提供的服务也有了日益多样化的内容与形式。其中，科研和教育活动是高校服务社会的最主要形式。除此之外，高校还可以作为社区成员，为社会提供直接服务。如此一来，高校便可以通过开展公共教育活动、社会服务活动等，为地区的发展作出直接贡献。与此同时，高校积极参与社会服务，可以使更多的大学生直接参与到社会建设之中，这不仅能帮助大学生更好地认识社会，还能推进大学生的社会化进程；不仅能帮助大学生将所学的知识运用到实践之中，还可以帮助大学生更好地利用校外资源来完善自己。总之，高校通过开展学生事务管理工作，能够不断深化自身为社会服务的职能。

（五）传播与创造大学文化的重要载体

大学文化，简单来说就是大学的师生与管理者共同创造并一代代传承下来的精神成果，其核心涉及价值观念、价值取向和价值判断等方面。大学文化不仅体现着高校的传统、校风，还是高校与其他社会组织相区别的重要标志。同时，大学文化是大学的灵魂与精神所在，对于大学的生存与发展起着根本的作用。

大学文化要想充分发挥出自己的价值，需要积极创造一种具有教育意义的大学环境，使身处其中的大学生能够在潜移默化中得到思想教育与情感陶冶，继而得到全面发展。而高校学生事务管理，从某一角度来说，就是借助于一定的管理手段、管理方法等，帮助学生将大学的文化内化为个体文化，继而使学生获得多方面的健康发展。具体来说，高校学生事务管理者在这一过程中采取的管理手段、管理方法主要有以下几方面。

第一，制定科学且合理的高校学生事务管理制度，并积极构建民主、开放、宽松的校园环境。

第二，积极开展多样化的大学生活动，以促进大学理念与精神的不断传承与发展。

第三，通过展现积极进取的管理理念与服务行为，对大学生的人生态度、行为方式等进行潜移默化的影响，帮助其最终形成良好的人格品质。

第四，积极吸引大学生参与到校园文化建设之中，以促进大学文化的不断丰富与发展。

三、高校学生事务管理的价值

对高校学生事务管理的价值进行探讨，有助于高校及高校学生事务的管理者明确其工作的任务与价值，从而更有效地开展管理工作。具体而言，高校学生事务管理的价值有以下几方面。

（一）增强学生的生活适应性

高校在开展学生事务管理时，通过为学生提供多样化、多功能的指导、管理与服务，可以大大促进学生对生活的适应。这些指导、管理与服务主要包括生理、心理、宗教、休闲活动等符合个体发展需求的服务及增进学生自我了解、情绪管理、职业辅导、两性关系等与学生整体发展相关的服务；通过新生入学辅导、宿舍管理、日常行为规范和奖惩管理及心理咨询等途径，促进学生对校园生活的适应性；通过大学生职业生涯辅导，包括就业宣传、职业生涯咨询、就业教育、就业技巧培训、为招聘提供服务，甚至包括毕业后必要的生活技巧与态度的养成等，使学生积累更多社会经验，从而更能适应社会需求。

（二）提高学生的道德素养

高校学生事务管理在学生道德发展方面也具有显著价值。学生事务管理人员通常是学生在高校中首先接触并持续交往的人，他们的言行会对大学生产生影响。因此，学生事务管理人员不仅要展现出优秀的道德品质，还需承担确保学生理解并自觉遵守道德和法律规范的责任。他们需要善于培养学生对其他人和事物的敏感性和理解能力，协助学生观察和理解各种事件和行为的多样性及不同观点；推动大学生运用多元文化视角分析和整合问题，并采取相应的有效措施，从而不断推进学生的道德成长。

（三）促进学生的智力发展

智力发展是高校学生事务管理的重要价值之一。在具体实施中，高校学生事务管理通过激励学生参与各类活动和项目，以培养他们全方位的能力，并关注他们的知识储备。学生事务管理的未来焦点将不再集中在提供传统服务和支持计划，而是关注学生的学术成就和个人成长。

为此，高校学生事务管理部门应与教学管理、科技管理等部门紧密合作，共同探索和实践课外活动中学生各项能力的培养途径。高校学生事务管理部门应赋予不同层次学生在学习和生活方面的自主权和选择权，鼓励他们参与校内外事务；创建有利于培养不同特点学生成长和技能发展的多元化生活环境，以激发学生的探索精神和创新能力；持续促进学生智力发展，全面提高学生的认知、情感、行为和意义构建等方面的能力，进而实现知识建构、意义建构和社会自我建构的最终目标。

（四）促进社会核心价值的传承

一个组织最基本和持久的信念，主要是通过其核心价值体现出来的，社会核心价值是任何一个社会最根本、最核心的社会意识形态。

我国高校学生事务管理要为传承社会主义核心价值尽责，只有如此，高校学生事务管理的价值才能最终实现。

四、高校学生事务管理的内容

就我国来说，高校学生事务管理的内容大致包含以下几类。

（一）思想政治教育

在高校学生事务管理中，思想政治教育是一项十分重要的内容。这是基于我国高校学生事务工作实际、充分考虑国情的选择。做好政治引领、增强学生政治认同感、坚定理想信念，以及对学生进行良好的人格塑造是思想政治教育这类事务中的两项重要内容。

1. 政治引领

加强对大学生的政治引领是社会主义大学本质属性的要求，也是大学生全面发展的需求。政治引领主要包括政治认同教育、形势政策教育、党团建设三个方面。通过课堂知识传授和社会实践，让学生了解国情、党情、社情、民情，使学生从心底认同中国特色社会主义理论与制度，正确认识中国的发展。

2. 人格塑造

现代社会对当代大学生人格发展提出了新的要求，要求大学生自主自强，拥有崇高的理想和信念，具备适应社会环境的能力、创新精神、合理的知识结构。人格塑造可细化为人生观教育、品性教育、审美教育、劳动教育、自我认知与发展教育、心理健康教育六项具体内容，这六项内容共同构成了一套完整的人格塑造体系。

（二）学生发展支持

在高校学生事务管理中，学生发展支持也是一项重要内容，具体包括以下几方面。

1. 学习支持

在高校中，充分利用专业教师、管理人员、专职辅导员和高年级学生的力量来协助大学生掌握学习方法、培养学习热情、提升学习品质和能力、养成良好的自主学习习惯，构成了大学生学习支持服务的核心。该服务的根本目标和任务是引导学生从入学伊始就认真思考并努力解答"哪些知识具有最高价值"和"如何更有效地学习"等基本问题，通过帮助学生尽早确立符合时代需求的学习观念、明确学习目标、发掘学习资源、创新学习方法、调整学习心态，使大学生顺利地完成大学课程，为终身学习和职业发展奠定坚实基础，使大学学习成为终身学习的基石和新起点。学习支持包括对学习观念、目标、内容、方式、方法及学习心理等方面的全面和系统指导。它具备对学生学业过程的服务功能、对优秀学生的拓展功能、对学困学生的帮助功能，以及促进教学互动的功能。

2. 成长辅导

在新形势下，高校学生事务管理中对学生成长的辅导应适应多样化的需求，要采用一种新颖的教育方式。这种方式关注学生内在潜能的发掘，根据个人差异进行引导、激发和鼓励，使每个学生的潜能得到充分挖掘。作为教育教学的有效补充，它对提高人才培养质量和促进学生全面发展具有重要意义。成长辅导涵盖了大学生各个方面的成长需求，如新生指导、职业规划、学术辅导、情感支持、就业建议、职业发展、心理咨询和留学指南等。

3. 素质拓展

素质拓展的主旨在于重视培育在校大学生的思想政治品质，关注他们的创新和实践能力，以及全面提升科学素质与人文修养。依据现代人力资源发展理念，这一过程对大学生的综合素质培养进行科学规划、个性化教育和全方位发展。它具有全员性、全程性、导向性、实践性、自主性的特征。我们根据素质拓展的宗旨和目的，凝练出素质拓展的几项基本内容，即通识教育、创新创业教育、课外实践、社团活动、情商培养、领导力培养、交往能力培养、国防生军政素质培养等。

（三）日常事务管理

这里所说的高校日常事务管理，主要包括以下几方面的内容。

第一，招生注册，可细化为招生管理、迎新工作、学籍注册管理、学历学位信息服务四个专项，由招生注册办公室负责。

第二，生活服务，可细化为住宿服务与园区管理、健康服务、文体服务、民族生服务四个专项，由学生管理中心负责。

第三，行为规范管理，可细化为法律法规与纪律教育、行为规范与礼仪、学术规范、安全教育管理、突发事件处置、违纪处理与权益保护六个专项，由学生管理中心负责。

第四，奖励资助，可细化为评优评先、奖学金管理、家庭经济困难资助、勤工助学四个专项，由大学生奖励资助中心负责。

第五，毕业就业，可细化为就业教育、毕业典礼、就业市场建设、就业管理服务四个专项，由就业中心负责。

第六，注重学生的自我管理，使学生认识自我。

（四）学工自身建设

学工系统重在为以上三方面内容的实施提供有力的保障，具体来说，学工自身建设涉及以下几个方面。

1. 内务管理

内务管理包含制度与规范建设、运行机制、工作规划管理、经费与资源管理四个项目。制度与规范建设涉及学工系统内部不同层级，是学工自身建设能否实现的重要客观载体，既要考虑到员工自身利益，又要考虑到学生事务管理工作整体发展，综合"人"与"事"，才具有可行性。运行机制包含领导体制、工作机制、保障机制和控制机制，在学校对学工系统进行"顶层设计、整体联动"的基础上，设置扁平化的组织机构和工作机制，确保学工系统整体有效运行。工作规划管理和经费与资源管理是确保学生事务管理工作高效运行的重要前提和保障。

2. 队伍建设

提高专业技能、培养优良素质，是队伍建设的重要出发点和落脚点，具体包括辅导员选拔与管理、岗前培训、专项培训、挂职与交流访学、教学与研究、学位进修等内容。这些内容是结合辅导员个人职业规划的角度设置的，从选拔与管理到岗前培训，再到专项培训，都着眼于辅导员角色的定位与工作技能的强化，挂职与交流访学、教学与研究、学位进修则是着眼于辅导员自身素质和专业技能的提高。

3. 考核评估

科学的考核评估需要遵循全面性、客观性、导向性、一致性、及时性原则。考核评估包括单位年度工作绩效考核、人员年度与聘期履职考核、人员职务与职称晋升考核、评优评先与典型选树、专项工作督导评估五个专项工作。单位年度工作绩效考核和人员年度与聘期履职考核是最基础的考核制度；人员职务与职称晋升考核是为一部分符合条件的人员设置的，从从业人员长期发展规划角度考虑有一定的激励作用；评优评先与典型选树是在一定时间节点横向范围内进行的，能起到模范引领和激励的作用，有助于提高每个员工的工作热情；专项工作督导评估是保障专项工作顺利实施的重要保障。这五项考核工作共同构成一个完整的评估体系，每项都不可或缺。

第二节　高校学生事务管理的方法及其评价体系建设

一、高校学生事务管理的方法

（一）高校学生事务管理方法的概念

方法就是人的活动的步骤、程序、格式。高校学生事务管理方法是学生事务管理者在管理活动过程中为实现学生事务管理目标、保证学生事务管理活动顺利进行所采取的工作手段和工作方式。研究学生事务管理方法，具有重要的理论与现实意义。首先，它能够为学生事务管理实践指明方向。其次，它有助于实现抽象的知识、理论和原则向具体方法、可操作方式的转化、变换，从而提升学生事务管理的效果。学生事务管理方法是学生事务管理理论、原理的自然延伸和具体化、实际化，是学生事务管理原理指导管理活动的必要中介和桥梁，是实现学生事务管理目标的途径和手段。

（二）高校学生事务管理方法的类型

由于高校学生事务管理对象、性质和任务的复杂多样性，高校学生事务管理方法也相对构成了一个复杂的体系结构，我们可以根据方法的来源性质、管理活动过程、内容等将其具体划分为不同类型。这里按照学生事务管理方法的来源性质，将高校学生事务管理方法划分为学生事务管理的法律方法、学生事务管理的行政方法、学生事务管理的经济方法、学生事务管理的教育方法和学生事务管理的技术方法。

1. 法律方法

学生事务管理的法律方法指的是运用国家法律法规对学生思想和行为进行教育管理的方法，学生事务管理的法律方法具有严肃性、规范性、强制性等特点。运用法律方法，就是为了保证必要的高等学校管理秩序，为了协调好学生事务管理内外部各种要素之间的关系，将学生事务管理纳入规范化、法治化轨道。运用法律方法，就是将符合客观规律、行之有效的学生事务管理制度和管理方法用法律的形式规范化、条文化、固定化，使之有法可依、有章可循。

2. 行政方法

学生事务管理的行政方法是指依靠学生事务管理机构的权威性，运用命令、规定、指示等行政手段直接开展教育管理活动的管理方法，它具有权威性、强制性、垂直性等几个特征。学生事务管理的行政方法的实质是管理者运用职位的权力来进行管理。在学生事务管理实践中，行政方法的运用有利于管理者与管理对象之间及时形成统一认识、构建统一目标、采取统一行动，从而较好地处理特殊问题和学生事务管理实践中出现的新情况。不过，行政方法的运用效果与学生事务管理者的管理能力、业务素质和领导水平密切相关。

3. 经济方法

学生事务管理的经济方法是指根据客观经济规律，运用各种经济手段，以达成学生事务管理目标的方法。学生事务管理的经济方法承认每个学生个体或学生组织在获取自身利益的方面是平等的，其实质是通过利益机制引导学生去追求某种利益、间接影响学生行为、实现学生管理目标的方法。近年来，随着我国高校日益重视学生资助管理，"奖、贷、助、减、免、补"等多种经济方法被逐渐运用起来。

4. 教育方法

学生事务管理的教育方法是指按照一定的教育规律，运用课堂教学、专题报告、座谈和个别谈心等方式对学生成长施加影响，以达成学生事务管理目标的方法。学生事务管理中的教育涵盖新生辅导、学习指导、心理咨询、职业生涯规划与就业指导、学生活动指导等内容。学生事务管理的各种教育方法要灵活运用、务求实效，既需要将集体教育与个体咨询的方法相结合，又需要做到知识学习与实习、参观体验等方法的协调统一，还要做到外在教育与学生自我教育的统一。

5. 技术方法

学生事务管理的技术方法是借助现代化的技术手段，来达成学生事务管理目标的方法。学生事务管理的技术方法主要包括信息技术、决策技术、计划技术、组织技术和控制技术等。学生事务管理的技术方法的实质是把技术融入管理，利用技术来辅助管理。在学生事务管理实践中，管理者应该根据不同的管理问题，选用不同的技术方案。美国教育软件市场十分发达，高校对这些软件的使用也十分普遍。例如，美国的 PeopleSoft 这一学生管理软件包括校园社区、招生及入学、学术宣传、学生记录、财政援助、学生财政等功能，几乎为学生和教职员工构筑了一个虚拟校园。中国也不乏教育管理软件，然而不少高校没有高效利用这些资源，在高校的学生事务管理系统开发工作中，依然存在着各部门资源低水平重复建设，以及欠缺统筹规划的问题。当然，技术方法并非万能，需要与其他方法相结合。例如，技术方法的运用与管理效果和管理者的业务素质就具有紧密联系。

（三）我国高校学生事务管理方法的特点及发展趋势

1. 高校学生事务管理方法的特点

我国高校的教育管理方法形成了很多好的传统，如规范的学校管理、严格的考试制度、传统的自我教育管理、科学的班级管理、实事求是的定性评价分析等。我国传统的教育管理学生的方法大致有以下三个特点。

（1）伦理方法的基础性。儒家思想十分重视伦理道德，强调政治与伦理相结合，并提出了一整套教育和管理学生的方法。在我国各种礼仪规范、社会习俗等都深深烙印着伦理道德的要求，学生教育管理方法也不例外。

（2）方法作用的内隐性。我国传统的教育和管理学生的方法虽然也注重外在因素的影响，但是这些都只处于辅助地位。我国传统中最主要的管理方式，还是强调内化。一般来说，高校学生教育管理由三个互相联系又各有区别的层次组成，即学校对学生的制度管理或常规管理、学生相互之间的管理（班级管理）、学生自我管理（学生自己管理自己的思想和行为）。教育管理的实效，是这三个层次管理的综合反映。

（3）方法运用的综合性。例如，科学的班级管理是我国高校教育管理的优良传统。在班集体中，我们将班级管理与自我管理结合，通过集体教育个别学生，又通过教育个别学生教育集体，把集体教育与个别教育统一起来。实践证明，这比单纯的个别教育和单纯的集体教育效果要好。

在长期的实践中，我国高校学生事务管理坚持了一些行之有效的方法，如"调查研究、说服引导与灌输"的方法，"目标管理、情感陶冶与纵横对比"的方法，"典型示范、抓中间促两头与帮助后进转化"的方法和"激励鼓舞、言传身教与一把钥匙开一把锁"的方法等。这些方法既是学生事务管理经验的概括和总结，也是其自身工作的基本要求。当然，学生事务管理方法也存在一些不足，如管理方法过于简单化、趋同化，管理方法机械化、情绪化，管理方法以我为主、服务意识缺乏等。

2. 高校学生事务管理方法的发展趋势

在学生事务管理理论变化发展、管理环境日趋复杂及学生事务管理自身发展的综合因素的影响下，我国高校学生事务管理方法的发展趋势主要表现在以下三个方面。

（1）学生事务管理方法的多样性和整合性

现代科学技术发展呈现出多样性和整合性的趋势，作为学生事务管理的关键组成部分，学生事务管理方法也展现出这一趋势。方法的多样性源于学生事务管理不断向各个领域拓展和深化。过去，我国学生工作主要集中在思想政治教育、日常规范和自身领域。在新形势下，学生事务管理需要向未来、微观和宏观领域拓展。为应对新挑战，学生事务管理需关注国际学生事务管理理论和方法，进行分析、比较、评估、挑选和借鉴有益的知识和方法，以丰富和发展学生事务管理方法体系。方法的整合性表现为学生事务管理方法向相关领域渗透，与其他学科方法相结合，从而完善各种具体方法，推动学生事务管理的进步。

（2）学生事务管理方法的社会化程度提高

为适应现代经济和信息化社会的发展，以及教育对象社会化程度的增长，学生事务管理方法必须向社会化发展。德、英、法、美、日五国的高校后勤事务通过社会团体和企业参与，采用合同、契约形式，或者完全自由参与。运作模式包括高校直接参与型、专门机构负责型和高校与专门机构共同举办等。英、美高校设有专门的后勤事务管理机构，属于学校直接参与型。法国和德国高校后勤事务完全脱离学校，属专门机构负责型。这些专门机构可自行承担高校后勤事务，也可吸纳社会第三产业参与，日本大学后勤事务采取学校与社会相关机构共同举办的模式。尽管五国高校后勤管理模式有所不同，但社会化程度较高。因此，我国可借鉴相关经验，增强学生事务管理的社会性，积极鼓励和推进社会团体、第三产业部门等参与学生事务管理，拓展多元资源，开展多种方法并行的有效学生事务管理活动。

（3）学生事务管理手段逐渐现代化

现代化手段的运用是从传统学生事务管理向现代化学生事务管理转换的关键标志。现代科学技术的快速发展及其在社会各领域的广泛应用，既为学生事务管理手段现代化提出了紧迫需求，也为实现手段现代化创造了条件。在面对信息化社会、社会化程度不断提升的受教育者和各领域竞争日趋激烈的情况下，高校学生事务管理必须改变传统方式和方法，运用现代化手段，以促进自身有效发展并满足社会发展需求。

二、高校学生事务管理的评价体系建设

（一）绩效指标的分类和选择

如何就学生事务管理绩效指标进行合适的分类、合理的选择，是建构良好的高校学生事务管理指标体系的重要组成部分。

1. 绩效指标的分类

建构科学的指标体系，需要对考核指标按一定的标准进行分类，形成模块化结构。模块化结构内的指标可以通过在实践中筛选保留或增加有效指标、去除难以操作的非关键性指标，不断完善指标体系。在现代企业的绩效管理考核中，绩效指标通常可以分为软指标与硬指标、"特质、行为、结果"三指标、结果指标与行为指标三种类别。学生事务管理工作有其独特性，目前人们一般从以下三个方面对其绩效指标进行分类。

（1）从学生事务管理的工作主题的角度进行分类，包括思想政治教育、危机事件处理、就业工作引导、日常事务管理、学生组织建设、学生经济资助、心理健康教育、学生工作研究等。

（2）从对学生事务管理者要求的角度进行分类，包括基本素质（政治思想素质、道德修养素质、专业文化素质、心理素质等）、业务能力（组织能力、沟通协调能力、创新能力、研究能力、语言表达能力等）、工作表现（工作态度、工作纪律、工作方式等）、工作业绩（获奖情况等）。

（3）从对学生事务工作的管理角度进行分类，包括教育管理、学生管理、生活管理、问题管理、组织管理、制度管理等。

2. 绩效指标的选择

在对考核指标进行模块化分类后，如何对模块内各项小指标进行选择关系到考核的导向问题，需要人们根据工作实际情况进行认真选择。按现代绩效管理方法的要求，绩效指标的选择依据主要包括三个方面。

（1）绩效评估的目的。绩效指标的选择，应根据绩效评估的目的而定。因此，学生事务管理绩效指标体系的构建应充分考虑学生事务管理的目的，也就是要保证学生事务管理目标的实现。

（2）工作内容和绩效标准。每个学生事务管理者的工作内容和标准，都是

通过将学生事务管理的总目标分解成分目标落实到各部门，然后再通过进一步的分工而确定。因此，学生事务管理的绩效指标应体现这些工作内容和标准，从时间、数量、质量上赋予绩效评价指标一定的内涵，使绩效评价指标的名称和定义与工作内容和绩效标准相符。

（3）获取信息的难易程度。为使绩效评价工作顺利进行，我们应尽量考虑能便利获取信息的指标，即获取信息的来源必须可靠、简单。

（二）绩效标准

制定绩效指标往往与制定绩效标准同时进行，绩效标准是指各个指标应该分别达到什么样的水平。

1. 制定绩效标准的要求

在制定学生事务管理绩效标准时，应把握好以下四方面的原则性要求。

（1）是否有利于高等教育人才培养目标的实现。我国高等教育要促进大学生"德、智、体、美"的有机融合，提高大学生综合素质，培养大学生成为"德、智、体、美"全面发展的社会主义建设者和接班人。高校学生事务管理应服务于这个目标的实现，在制定学生事务管理绩效标准时也应紧紧围绕这个目标。

（2）是否有利于高校教育事业的发展。学生事务管理是高校管理的重要组成部分，它起到保持校园稳定、提供服务、促进发展的作用。在制定学生事务管理绩效标准时，应立足于学校教育事业发展的高度，统筹规划。

（3）是否有利于学生的健康成长和全面发展。学生是学生事务管理的服务对象，学生事务管理关系到学生的切身利益。因此，在制定学生事务管理绩效标准时，应本着"善待学生"的理念，从学生的实际需要出发，真正体现"以学生为本"的原则。

（4）是否有利于学生事务管理队伍的可持续发展。学生事务绩效管理的主要目的之一，就是要提高学生事务管理者的工作积极性和主动性，促进学生事务管理水平的提高，促进学生事务管理队伍的可持续发展。

2. 定性和定量考核标准

（1）定性考核标准

定性考核标准一般采用描述性的用语，这就要求制定学生事务管理绩效考核标准的人员要了解、熟悉学生事务管理工作的特点和规律，同时要总结归纳出学生事务管理工作中具有代表性、典型性的行为和做法。在日常考核中，定性考核标准主要有两种描述：第一种没有直接描述哪种行为和做法是好的、哪种是差的，而是简单列出好或差等几种选择，由考核者自己判断。例如，对危机事件处理的考核，可以用非常好、好、一般、差等级别进行判断（见表 5-2-1）。

表 5-2-1　定性考核标准一

一级指标	二级指标	考核标准			
危机事件处理	危机事件处理中的表现	非常好	好	一般	差
	危机事件处理的满意度	非常高	高	一般	低

第二种描述直接描述哪种行为和做法是好的、哪一种行为和做法不好，然后让考核者进行选择，如对危机事件处理的考核，可以如表 5-2-2 所示。

表 5-2-2　定性考核标准二

一级指标	二级指标	考核标准		
		好	一般	差
危机事件处理	危机发生时的表现	了解事件性质并及时与家长沟通	被动与家长沟通	找借口不与家长沟通

（2）定量考核标准

定量考核标准能精确描述指标需要达到的各种状态，因而在绩效考核中被广泛应用。定量考核标准的关键在于基准点位置的把握，基准点的确定同样要求制定者了解学生事务管理的工作情况、熟悉某项工作的纵横对比情况。例如，对就业率基准点的确定，就要求制定者必须了解近年该高校各专业的总体就业率、了解其他高校的就业情况。对就业率的定量考核标准，如表 5-2-3 所示。

表 5-2-3　定量考核标准

指标	评价标准	分值		
就业率	初次就业率 80%以上，最终就业率 90%以上；就业率有较大提高或基本持平	3	2	1

（三）高校学生事务管理评价的原则

在对高校学生事务管理进行评价时，只有切实遵循一定的原则，才有可能确保评价结果的科学性。具体而言,高校学生事务管理评价的原则有以下几个。

1. 方向性原则

高校学生事务管理评价的方向性原则指的是在进行高校学生事务管理评价时,必须坚守学生事务管理"为学生发展服务"和"为国家、社会服务"的基本立场。如果在高校学生事务管理评价中偏离了方向性原则,就难以确立科学、合理的评价指标体系,从而影响评价工作的正常开展。

2. 客观性原则

高校学生事务管理评价的客观性原则指的是在进行高校学生事务管理评价时,必须防止和克服评价过程中的主观臆断,排除一切干扰,采取客观的实事求是的态度,对高校学生事务管理进行客观、全面、真实的评价。如果在评价过程中不遵循或违背了客观性原则,就有可能导致高校学生事务管理评价标准趋于模糊,对高校学生事务管理工作的有效性及可信度造成不利影响。

3. 系统性原则

高校学生事务管理评价的系统性原则指的是在进行高校学生事务管理评价时,必须运用系统的观点、联系的方法,全面评价对高校学生事务管理造成影响的内、外因素,以及高校学生事务管理过程中管理机构、管理人员的行为等。高校学生事务管理与内外环境具有十分紧密的联系,这就可能导致较为良好、周全的管理过程并不一定能够取得较为满意、可观的管理绩效。基于此,高校学生事务管理评价应将管理过程评价和管理效果评价巧妙地组合成一个完整的评价系统。高校学生事务管理评价要切实贯彻系统性原则,必须做好以下两方面的工作:第一,高校学生事务管理者必须将过程评价与绩效评价视为一个整体,注重二者的结合,不能忽视其中任何一部分;第二,高校学生事务管理者要设计科学、合理的过程评价方法与指标体系。

4. 发展性原则

高校学生事务管理评价的发展性原则指的是在进行高校学生事务管理评价时,必须以促进被评对象积极上进、不断进步为基本出发点。只有坚守发展性原则,高校学生事务管理评价作为一种外在刺激,才能真正转化成被评对象赢得好评的内在需要,进而转化成被评对象达标行动的内在动力。高校学生事务管理评价要切实贯彻发展性原则,必须特别注意以下两个方面:第一,高校学生事务管理评价要有明确的目的,并要在评价的过程中牢牢坚守此目的,高校学生事务管理评价的出发点和归宿都在于调动管理机构和人员的积极性、主动性，促进其更好地发展；第二，高校学生事务管理评价要以激励为主，惩处为辅。

（四）高校学生事务管理评价的方法

1. 方法的选择

高校学生事务管理的评价方法有数十种之多，其中，自我考核法、汇报述职考核法、检查考核法、360 度考核法、目标管理考核法是比较常用的。不同的考核方法有不同的目的性和倾向性，产生的效果也不一样。具体说来，我们在选择评价方法时应考察以下五个因素。

（1）评价的目的

评价方法的选择在很大程度上依赖于评价的目的。一般来说，绩效考核有多种不同的目的，而有什么样的评价目的就应选择什么样的评价方法。在选择学生事务管理评价方法时，应针对不同的目的采取不同的评价方法。

（2）评价的对象

评价对象的选择涉及学生事务的管理理念、管理组织特点和管理方式等方面因素。针对不同的评价对象有不同的评价方法，评价的内容和标准也有所不同。中国高校学生事务管理的评价对象还包括辅导员、院（系）学生工作部门、各学生工作职能部门及其工作人员等。因此，在评价个人、团队或部门时，应根据其工作的性质和特殊性而采用不同的评价方法。

（3）评价的主体

评价主体的选择就是确定由谁来考评，在确定考评者的过程中，既要考虑到评价的全面性，又要考虑到评价的合理性和公正性。中国高校学生事务管理的考评者主要包括上级领导、职能部门、学生、同行和自我等。不同的考评者对考评有不同的方法，他们对被考评者的工作及其工作性质的了解、理解和熟悉程度不同，特别是对一些定性考核，不同考评者之间的差异性较大。

（4）评价的标准

学生事务管理的评价有多种不同的方法，不同的评价方法在评价的标准上会有所差异。有的侧重在定量考核，有的侧重在定性考察。在选择评价方法时，应根据评价的标准和实际需要，选择合适的评价方法。

（5）评价的周期

不同的评价方法有不同的适应周期，有的适合平时检查，有的适合年度考核，有的适合专职工作。如果评价方法选择不当，就不能获得理想的效果，甚至造成负面的影响。

2. 评价的基本流程

高校学生事务管理评价方式多种多样，要使评价公平和公正，一般应采用以下几个步骤。

（1）成立考核领导小组

在考核前，应由学校主管部门召开专门会议，成立考核领导小组，由各职能部门负责人担任考核领导小组长，各院（系）分管学生事务管理的党委（党总支）副书记担任组员，并由学生工作部（学生处）负责统筹协调各项考核工作的开展。

（2）确定评价方案

考核领导小组根据考核的目的、任务和要求，选择合适的评价方法，确定评价的各项进度、时间安排等事宜。高校学生事务管理评价的开展，要以设计高校学生事务管理评价方案为前提和基础。高校学生事务管理涉及学生学习、生活等多个方面，如大学生自身素质、学生事务管理人员、高校管理体制等。因此，要认真推敲、反复斟酌评价的管理对象、目的、评价指标体系、方法等，使评价方案周密、科学。

（3）明确高校学生事务管理评价的指标体系

高校学生事务管理评价的核心是明确高校学生事务管理评价的指标体系。一般来说，高校学生事务管理评价指标体系要包括三大内容，即确立各项评价指标相对应的权重及评价标准。确立指标权重的方法有专家意见平均法、层次分析法等。从目前来看，我们一般采用专家意见平均法对高校学生事务管理评价指标的权重进行确立。此外，所制定的高校学生事务管理评价的指标体系必须是科学的、客观的、可行的。

（4）加强考核的宣传动员

学生事务管理的考核评估涉及的人多、部门广，因此，应充分利用多种媒体，对考核的目的、方法和要求进行广泛宣传，使相关人员认识到考核的重要性和必要性，统一思想认识，使各项考核工作得以顺利开展。

（5）收集考核材料

考核方案通知下发后，负责实施考核的部门和人员要按照考核的要求，及时收集考核的所需材料，核实上交材料是否齐全或正确，并及时将存在的问题反馈给被考评者。

（6）严格按考核方法进行考核

为使考核更加有效和省时，学生事务管理的绩效考核一般由各个环节的考核组成，如工作手册的检查、学生评价、部门评价、同行评价和集中述职等。为保证各考核环节的公正，应安排专人负责跟踪监督管理，严格按考核方案和方法进行考核。

（7）考核领导小组审核并公布考核结果

考核结束后，考核部门应及时将考核的初评结果上报考核领导小组审核，并及时处理考核过程中出现的问题，如投诉事件等。最后，通过合适的渠道将考核结果进行及时公布。

（8）高校学生事务管理评价的结果分析

分析高校学生事务管理评价的结果，有助于被评对象快速找出高校学生事务管理中存在的问题与不足，从而为发扬优点、巩固优势、克服缺点、改进不足奠定重要的基础。高校学生事务管理评价结果分析通常采用评价过程与评价结果统一分析法，即在分析高校学生事务管理评价的结果时，不仅要看被评对象的工作成绩，而且要看这些成绩取得的过程。例如，我们在对高校学生事务管理人员进行评价时，既要看管理人员是否在重大事情的处理上取得了显著成果，也要看其素质是否全面、对待学生的态度是否端正；既要看到被评价对象自身存在的不足，也要考虑是否有其他外在因素的干扰等。

第六章
高校图书馆学科化服务管理评价体系建设

高校图书馆学科化服务是一种全新的服务模式，还处于发展进程中。本章针对高校图书馆学科化服务管理的评价体系建设，对高校图书馆学科化服务的产生与发展、评价体系构建进行系统介绍。

第一节　高校图书馆学科化服务的产生与发展

一、学科馆员制度

（一）学科馆员制度的诞生

学科馆员的起源可以追溯到文艺复兴时期。英国的克罗斯·莱伊描绘了剑桥大学和牛津大学的学科馆员制度，他认为传统研究型大学图书馆的学科馆员是该领域的专家。在文艺复兴时期，大学中就存在着博学多才的图书馆员，他们分别是法学、文学或神学方面的权威，这一传统一直延续至今。德国有关专家表示，学科馆员制度最早可以追溯到 19 世纪初。据英国研究人员的研究，20 世纪初，学科馆员制度被引入伦敦大学，随后在 20 世纪 30 年代被利兹大学采纳并传播到其他院校。

（二）学科馆员的概念

在线图书情报学词典将学科馆员定义为具备专业知识和经验的图书馆员，他们负责选择专业资料并为用户提供特定主题或学术领域（或学科分支）的书目指导和参考服务。在大学图书馆中，学科馆员通常还拥有所在领域的第二硕士学位，他们也可以被称为主题分析馆员。

1983 年发布的《美国图书馆协会图书馆学与情报学词汇表》对"学科馆员"的定义是：在图书馆中，对特定专业领域具有深厚知识的员工。他们负责图书馆专业领域馆藏文献的筛选评估，有时还提供该专业的信息咨询服务，以及负责馆藏图书的分布整合。另一种说法是学科文献书志馆员。

（三）学科馆员的职责

学科馆员的出现与美国大学的学科设置密切相关，它是在应对学科变化和馆藏建设需求过程中逐步发展而来的。学科馆员的职责因图书馆类型、规模、学科特点和资源等因素的不同而存在差异，并没有统一的规定。

1. 院系联络

高校学科馆员在图书馆与院系之间扮演着联络人的角色，这涉及参加院系或教研室的各种相关活动、了解学科建设与发展、关注教学和科研计划的进展、收集教师和学生对图书馆资源与服务的意见和需求、及时向院系或教研室的师生介绍专业信息资源和图书馆服务等。学科馆员的出色服务加强了图书馆与各院系之间的联系，为信息资源与院系教学和科研的整合提供了有力保障。

2. 学科信息资源服务

高校学科馆员的另一项关键职责是为教师和学生的教学和科研提供信息资源服务。这包括协助教师为特定专业课程提供相关信息资源，并建立学科资源导航。目前，较为普遍的做法是通过在线教学系统为特定课程提供与学习、作业和考试相关的信息资源。借助这些信息资源，学生能够更好地完成课程学习，提高学习质量。此外，学科馆员还可以为特定教学课程设计专门的网页。

3. 学科信息素养教育

提供信息素养教学服务，如信息素养课程设计和课堂教学等，是学科馆员的一项重要职责。根据美国信息素养标准，具备信息素养的人能够确定所需信息的内容和范围、有效获取所需信息、批判性地评估信息及其来源、将选定的信息整合到个人知识体系中、有效地将信息应用于实践，并从经济、法律和社会角度考虑信息的使用，确保其遵循伦理道德观和法律规定。

4. 馆藏资源建设

学科馆藏资源建设是学科馆员的一项重要职责，包括推荐新书、剔除旧书、指定学科数据库的试用评估人和联络人。学科馆员需要确保图书馆馆藏资源与学科专业配置比例合理，并定期剔除过时或不再适用的资料。

教师和研究生可以直接将所需图书推荐给所在院系的学科馆员，学科馆员会根据馆内收藏情况决定是否提交采购部门订购。对于馆藏较少的专业，学科馆员会与教师联系推荐新书，或者直接推荐新书以弥补馆藏资源不足。学科期刊和数据库建设往往涉及多个学科，因此，学科馆员需要共同商讨并决定如何进行建设。

在购买新数据库之前，学科馆员和教师通常会共同试用和评估，然后学科馆员搜集反馈意见，最后由馆长根据反馈意见决定是否订购。随着数据库导航系统的出现，为本学科建立学科导航系统也成为学科馆员的职责。通过这些工作，学科馆员确保图书馆资源能够满足教学和研究的需求，从而为学术发展提供有力支持。

5. 参考咨询服务

学科馆员在提供参考咨询服务方面扮演着重要角色。他们不仅在图书馆咨询台为广大读者提供服务，还针对本学科的教师和研究生提供一对一的专业咨询服务。教师和研究生可以通过电子邮件、电话等方式直接联系他们的学科馆员，咨询解答各种问题。

由于学科馆员的人数有限，同时本科生的信息需求差异较大，因此对本科生的服务通常以班级为单位进行。学科馆员可以与班级教师或辅导员合作，为本科生提供信息素养教育、专业资源介绍等服务。这种方式可以确保本科生在学习过程中掌握有效的信息检索和使用技巧，提高学习质量。

总之，学科馆员在图书馆中扮演着重要的角色，他们通过提供参考咨询服务、学科资源建设和信息素养教育等多种途径，支持教师和学生的教学与研究工作。

二、学科化服务产生的背景

学科化服务产生的背景可以归结为两个方面：服务环境的变化和网络技术的发展。

（一）网络技术的发展

在网络环境中，传统的信息资源分布不均和获取困难的问题得到了显著改善，信息检索与获取变得越来越便捷且简单，用户与搜索引擎的联系日益紧密。用户普遍认为，信息在网络上应有尽有。他们需要的信息能直接呈现在桌面或现场，不需外出即可在办公室、实验室、家里或出差途中随时随地获取和利用。面对海量信息，用户关心如何从复杂的信息环境中获取解决问题所需的信息，他们需要能够直接获得解决问题的方法和服务。因此，在网络环境下，图书馆服务工作需要重新定位。

（二）用户信息需求与阅读行为的改变

网络化和数字化信息技术的飞速进步导致用户信息需求和阅读行为发生了巨变。伴随着阅读进入"休闲时代"，"浅阅读"已经成为大多数年轻人的一种常见的阅读方式。网络阅读趋于主流，用户的学习、科研等活动逐渐电子化。新的信息环境使得图书馆行业与其他信息服务行业的边界越来越模糊，这既为图书馆提供了宽广的发展机会，也给其带来了极大的挑战。在用户的信息获取方式和使用习惯发生巨大变化的今天，仅提供简单的文献获取已无法满足科研人员的需求，他们期待更个性化、更深入的服务。

数字化信息的获取与使用已成为用户在教学与科研中的基本需求和习惯，海量的信息资源和繁重的科研任务让用户在利用这些资源时遇到了一些难题。随着科学的发展，国际、跨地区、跨学科领域的交流合作愈发重要，用户希望图书馆在学科信息资源的选择、组织、筛选、整理和评价等方面发挥更大作用。他们期望图书馆员能提供高效、优质的信息检索、获取和分析服务，人们期待新型信息服务更着重于知识内涵和解决方案，以用户目标为导向。图书馆员所提供的信息资源应该是针对实际需求的、有针对性和有效的。其内容信息应按照知识体系组织，在该体系框架内，各类信息可以跨越不同知识库，按知识概念和学科门类建立信息资源之间的联系，构建超越地域限制且具有可扩展性的庞大"知识网络"，满足用户在更广泛的范围内、更专业化和个性化的水平上获取知识的需求。因此，用户对信息的需求已从一般性文献信息服务转向学科化、知识化服务，以解决他们在教学、科研活动中遇到的实际问题。在这一背景下，高校图书馆需要改变过去的服务模式，建立一个以用户需求为驱动的个性化服务模式，以促进高校图书馆的发展。

（三）图书馆发展的内在要求

为了更好地推动自身发展，高校图书馆必须以用户需求为指引，充分调动并合理配置相关资源，为用户提供"针对学科"的信息和知识服务。与此相对的，当用户通过图书馆服务解决问题时，他们会更加支持图书馆的发展。随着需求的深化，他们会对图书馆提出更高的要求，这也将进一步推动图书馆的发展，为图书馆的可持续发展提供源源不断的动力。

（四）图书馆学理论的发展推动

图书馆发展的每个重大进步都离不开图书馆学理论的革新。高校图书馆为用户提供学科导向服务，这既是图书馆工作经验的汇总，也是广大馆员在结合图书馆实践中进行理论创新的成果。关于高校图书馆学科导向服务，图书馆学理论创新主要体现在几个方面：首先是学科导向服务理念的形成；其次是学科导向服务机制、模式和策略的研究；最后是个性化和主动服务理念的推动。随着图书馆学理论的持续革新，学科导向服务必将更加深入地展开。

（五）用户学科化需求的促进

满足用户需求是图书馆各项工作的核心目标，对提升图书馆服务能力具有关键的促进作用。随着信息环境和用户需求模式的演变，图书馆必须摆脱传统习惯的限制，确立以用户为核心的观念。对于高校图书馆而言，这意味着要从用户需求的个性化、学科导向、知识化和智能化出发，将服务与用户的教学和科研紧密结合，提供以解决问题为目标的学科导向信息服务。用户的学科导向需求，对高校图书馆的服务能力和手段提出了更高的标准，同时也为高校图书馆进行学科导向服务的理论探讨和实践创新提供了新的动力来源。

三、我国高校图书馆学科化服务的发展历程

我国高校图书馆学科化服务（学科馆员服务）的发展经历了 10 余年，可分为两个阶段。

（一）学科化服务的起步阶段

在这个阶段，我们主要是引入国外学科馆员服务的经验，并开始对学科馆员进行宣传。1998 年，清华大学成为国内首家设立学科馆员制度的高校，其分配了 14 名学科馆员，并与 12 个院系的"图情教授"建立了联系，开创了我国学科馆员实践的先例。1999 年，东南大学开展学科馆员试点工作（2000 年正式实施）。2000 年，西安交通大学图书馆在 5 个学院试行学科馆员制度。2001 年 4 月，北京大学图书馆开始实施学科馆员制度，设立了 10 名学科馆员，隶属于咨询部。同年 6 月，武汉大学开始设立学科馆员岗位。到 2002 年，实行学科馆员制度的高校逐渐增多。江苏大学图书馆于 2001 年在 3 个学院试行学科馆员制度，并于 2002 年全面推广。南开大学图书馆于 2002 年 9 月建立学科馆员制度，目的是从学科专业的角度为师生提供信息服务，经过实地考察和文献研究，开始组建学科馆员组，首批 6 位学科馆员是在全馆范围内选拔的，学科馆员组归属于信息咨询部。北京师范大学图书馆于 2002 年年底开始引入学科馆员制度，并聘请了 5 名兼职学科馆员和 5 名兼职咨询馆员。

（二）学科化服务的发展阶段

在 2010 年以前，许多机构和单位图书馆都在谋划学科服务的创新服务，如中国国家科学图书馆设想将一般意义上的普通学科服务延伸到为重点课题、重点任务和重点研究团队开展深度情报分析和知识服务。通过设立预研项目和广泛设立院所结合的学科服务专项，探索嵌入科研项目的深度服务，实现嵌入式学科服务。根据中国知网的期刊文章数据，以"嵌入式学科服务"为篇名关键词进行搜索，可知此类文章出现在 2010 年及以后，这标志着学科服务创新与改革发展正式拉开帷幕。根据 2012 年对 39 所"985"高校图书馆的学科馆员服务的调研，发现学科馆员服务主要参与学科资源建设、院系联系、提供学科信息服务等方面[①]。

与此同时，2010 年 11 月，CALIS 三期建设项目第一期学科馆员培训在上海交通大学图书馆圆满完成。来自全国 34 所"985"高校的 62 名学员接受了

---

① 陈红艳，章望英，孙晶.我国"985"高校图书馆学科服务现状调查与分析［J］.高校图书馆工作，2012，32（3）：85-89.

含学科服务理论与基础实务、学科服务管理机制、学科服务融入教学、学科资源规划建设、学科服务支持科研等，学科服务相关技能 6 个知识模块在内的 10 门典型课程的培训，积极参与了组织方安排的"鲜悦（Living Library）——教师学员互动沙龙"、学科服务支持科研的案例展示、信息素养教学案例观摩研讨等活动。该培训班在筹备之初即立志要打造中国高校图书馆学科馆员队伍的典范，为中国高校图书馆培养出一批具有实干能力及创新精神的骨干专业队伍。一期学科馆员培训班无论是在 CALIS 管理中心领导的重视程度及政策支持方面，还是在组织策划、过程实施及学员反馈层面来看，都体现出迥异于既往图书馆绵软作风的硬朗风范，之后的每年都有相关的学科服务会议召开。

北京大学图书馆在 2015 年进行业务与机构调整，组建的研究支持中心、学习支持中心、资源建设中心、信息化与数据中心都能为北京大学图书馆的学科服务提供强有力的技术支撑和资源保障。它们不仅为学校师生和科研人员提供全方位立体化学科服务，而且走出图书馆，走向院系和科研一线，同时为学校管理和决策部门，如科学研究部、科技开发部、社会科学部、学科建设办公室、人事部等，提供学科评估和科研态势分析等服务。已完成的一系列课题和信息产品获得了相关单位和用户的高度认可与效益评价，获得了众多高校图书馆同仁的一致认可，并吸引他们纷纷来取经学习。各高校的学科服务内容与模式不断得到创新与改进，如北京理工大学、北京师范大学、河北工业大学等。

第二节　高校图书馆学科化服务的评价体系构建

一、高校图书馆学科化服务评价的意义

（一）衡量学科化服务质量，完善学科馆员制度

学科化服务以高水平、有针对性为特征，服务质量的好坏直接反映了学科馆员制度实施的成效。要判断这种服务质量是否满足用户的需求及满足程度，需要采用科学的评估方法来展示。全方位、科学、客观地评估学科化服务质量不仅符合完善学科馆员制度的要求，而且是衡量图书馆服务是否满足读者需求的客观标准。

同时，建立和完善学科化服务评估机制、将学科馆员的工作纳入图书馆的制度管理体系中、进行客观的评估和奖惩，是激发学科馆员工作积极性、主动性并持续提升服务水平的关键手段。

总之，通过科学、全面、客观的评估方法，我们可以了解学科化服务质量是否满足用户需求，同时为图书馆制定更好的改进策略。这样的评估机制有助于提高学科馆员的工作积极性、主动性，以便不断提升服务水平，更好地满足读者的需求。

（二）改进服务方式，提高服务质量

实施高校图书馆学科馆员制度的目标在于让具备较高专业素质和服务技巧的学科馆员在图书馆和读者间架起沟通的桥梁。这样既能充分发掘和运用图书馆资源，又能为用户带来专业化、深入和个性化的服务。然而，在当前阶段，不是所有的学科馆员都能提供这样的信息服务，部分学科馆员仅能提供较为简单的信息服务，缺少创新性。

为了改变这种状况，首要任务是完善学科服务的评价机制，实现对馆员选拔、职责监督及服务质量的全面管理。此外，图书馆可以通过分析学科服务评价的反馈信息，客观地了解服务中出现的问题，并针对性地加以解决。这样，学科馆员能更清楚地认识到服务工作中存在的不足，从而有针对性地进行改进并提高自身的责任感，这对于提升图书馆的服务质量具有巨大的价值。

总之，加强学科馆员制度的评价机制和反馈分析，有助于提高图书馆服务质量。这不仅能让学科馆员更好地认识到自身的不足，还能有针对性地改进服务方式，从而为用户提供更专业化、深入和个性化的服务。

（三）增强馆员的职业归属感，促进学科馆员队伍建设

高校图书馆最珍贵的资源是人才。为加强图书馆人才队伍建设和提升图书馆员素质，我们应为他们构建一个能展示才能、实现价值的舞台。定期对学科服务进行评估和动态管理，激励学科馆员积极进取、不断创新。

学科馆员可根据评价反馈进行自我检查，肯定成绩、发现不足、调整心态，通过正确看待评价结果，明确服务方向，改进服务过程和形式。通过评估，学科馆员之间能建立学习榜样，互相学习优点，对比差距，明确奋斗目标，提升

自身素质与能力及信息服务质量。

学科馆员服务质量评价有助于促进知识共享和经验交流、增强学科馆员间的教育作用，从而有效地推动学科馆员队伍建设。

（四）体现学科服务价值，展示图书馆服务能力

如果高校图书馆不采纳先进的管理思想，不加强与教学科研等核心服务对象的交流，那么即使成功扩大服务范围，服务质量和层次也难以得到提升，这将无法真正树立图书馆作为学术教育机构的形象和地位。因此，建立学科化服务评价体系至关重要。

通过构建学科化服务评价体系，我们可以将服务内容和效果分解为一系列相关指标，将学科馆员的数量与质量服务统一，并将抽象的规划与学科馆员的日常实践联系起来，形成具体的、可操作的衡量标准，促使学科馆员主动与教学科研部门合作。

这样，高校学科化服务能够从图书馆辐射到学校的教学和科研领域，实现学科化服务与学科教学科研的真正整合。在享受优质服务的过程中，读者将对学科化服务形成社会认同感，从而提高图书馆在社会和学校的学术地位与影响力。

二、高校图书馆学科化服务评价的原则

（一）科学性与可行性统一

所谓科学，就是评价指标和评价方法要尽可能做到精确和量化，把主观估计的因素降到最低。科学性指将指标体系的设计与自身的发展水平密切联系起来，立足现实、不盲目求高也不降低要求，包括评价方式的合理性、收集数据的真实有效性、质量分析方法的科学性和评价结果的客观公正性。在评价中，评估项目的设置与确定应充分考虑到学科化服务的实施，并参照国内外的工作实际及经验。在运用合理的评价方式、数据和科学的分析方法等基础上，应加强评估指标之间的协调性，兼顾评价过程中内外因素的突发制约和相互干扰，使评价体系具有科学性。

而可行性原则要求评价方法和评价体系具有可操作性。方法的可行性是指

评价方法适合学科化服务，保障评估的实施有所依托，不主观判断，适合图书馆的馆情。评价体系的可行性是指评价体系能够客观、公正、科学地反映学科化服务的特征、内容和要求，能够使评价者较为全面和容易地获取评价所需数据，具有较高的可操作性，从而减少评价的实施难度。另外，评价方法与评价体系能够恰当地融合，使学科化服务的评价贴近实际，这也是可行性原则的体现。

（二）全面性与可操作性相结合

全面性原则要求评价指标全面反映学科化服务各个方面的特征，充分考虑各种影响服务水平的因素，尽可能找出反映学科化服务质量的主要指标，同时要注意指标之间的相互关系。在指标确立上，要广泛收集来自各种服务内容、不同层次用户及合作者，甚至是领导方面的数据信息，避免人为地遗漏重要的评价指标，保证评价体系的完整性和全面性，以便建立全方位的评价体系。而可操作性原则是指学科化服务评价的操作执行手段应从立足现状、可操作性强、数据信息易于获取的角度出发，采用易于掌握的评价体系和方法，尽可能简便、易于操作。在设计指标体系时，应做到指标体系明确，指标内容表达专指、简明扼要、指向明了，指标层级设置合理清晰，指标的概括表达准确，指标度的定性词语准确，量的赋值计算易于把握；应尽量避免评价指标体系太过繁杂、抽象或指标设计过于抽象。

高校图书馆在对学科化服务进行评价时，评价指标要力求全面反映服务质量各个方面的特征，充分考虑各种影响服务水平的因素，又要注意指标之间的相互关系，体现统一性和系统性。同时，指标体系应该突出重点，体现专业性特征。

（三）定性与定量相结合

为确保新型学科化服务机制取得成功，我们必须建立与之相适应的结合定性与定量分析的评估制度，以及相应的岗位、条件、技术和政策保障体系。定性评价方法主要关注事物的性质，通常基于对特定事物的观察和经验得出结论，具有一定的主观性和片面性。尽管这种经验归纳可以揭示事物的本质属性，但要全面深入地了解事物的规律性，仅凭定性分析是不够科学的。因此，我们还需要采用定量的统计分析方法，通过合理的设计方案，充分利用现代计算机技术，从量的角度全面地、集中地对经验进行科学分析，以弥补定性分析的不足。

在制定学科化服务评价指标时，我们要坚持将定性与定量分析相结合的原则。一方面，我们需要根据大量、全面的信息对学科化服务工作进行本质的认识，特别是关注工作中存在的不足，并具体分析缺点的性质问题。另一方面，我们要通过定量分析来确定事物发展的程度。只有这样，我们才能更客观地反映学科化服务评价的全貌，并提高分析结果的可信度。

（四）内部评价与外部评价相结合

内部评价与外部评价的差别在于评价执行者的身份，即由哪方来进行评价。学科馆员的内部评价是图书馆内部的评估，涵盖图书馆管理层及部门负责人的评价、馆员之间的互评和自我评价。外部评价则是关联学院教师和学生的评估，主要以用户评价为核心。将内部与外部评价相结合，可以确保评价工作的全面性。此外，强调学科化服务内、外部评价结合的原因，还在于对评价内容体系而言，把图书馆评价和用户评价结合，能够客观地反映学科化服务在不同层面的影响。这样，评价效果才更为理想和真实，才更具说服力。

（五）评价与指导相结合

评价不是目的，评价的目的是指导学科馆员从评价结果中受到启发和帮助，懂得扬长避短。如果只有评价而没有指导，这样的评价是消极的。在这里，指导是关键，当然，指导也要有针对性和目的性。

学科化服务的指导性主要体现在评价目的和评价发展的导向性上。一方面，学科化服务评价要针对学科化服务的任务、内容、目标、特点和成效等，评价方法和体系既要能如实反映学科化服务的真实水平，又能有利于促进学科化服务能力的进一步提高，起到导向的作用。另一方面，用户满意是学科化服务的目标，学科馆员是学科化服务的实施主体，在评价过程中，要有导向地体现学科馆员服务的创新性和主动性，并坚持以用户为中心的原则，注重用户感知，体现用户的价值取向和评判标准对学科化服务质量的影响。学科化服务评价是要使其结果对学科化服务的未来发展起到一定的导向作用，对学科馆员自身的进步有所启发和帮助，以不断完善学科馆员制度。

三、高校图书馆学科化服务评价的方法

（一）平衡计分卡法

平衡计分卡是一种创新的绩效评估体系，由哈佛商学院教授罗伯特·卡普兰和复兴全球战略集团创始人兼总裁戴维·诺顿于 1992 年在《哈佛商业评论》上发表的论文《平衡计分卡——良好绩效的评价体系》中首次提出。该体系将公司战略目标逐级分解为各种具体的、互相平衡的绩效评估指标，同时对这些指标在不同时间段的实施状况进行评价，为实现战略目标提供可靠的执行基础。

绩效评估可分为学习与成长、内部流程、客户满意度和财务状况四个方面，这四个方面构成了平衡计分卡的四个维度指标。虽然平衡计分卡主要用于企业的绩效评价，但其理念也被许多非营利组织、政府部门和高等教育机构借鉴。这种设计指标体系的方法可应用于学科服务绩效评价模式的构建。

（二）层次分析法

在 20 世纪 70 年代，美国运筹学家和匹兹堡大学的萨第教授提出了一种名为层次分析法（AHP）的系统分析方法。这是一种模拟并量化决策者在处理复杂系统时的思维过程的方法，被认为是一种简单、灵活且实用的多准则决策工具。通过将复杂问题划分为多个层次和因素，决策者可以通过比较和计算各因素之间的关系，得出各方案的权重，为最佳选择提供依据。

层次分析法因其简洁明了的思路和与决策者主观判断和推理的紧密结合而受到关注，通过量化描述决策者的推理过程，避免了在处理复杂结构和多方案时的逻辑推理错误。近年来，该方法在国际上得到了广泛应用。层次分析法充分发挥了人类的分析、判断和综合能力，适用于结构复杂、具有多个决策准则且难以量化的决策问题。这符合学科服务评价中定性和定量问题的优化处理要求，因此可以应用于学科服务的评估。

层次分析法的基本步骤包括：（1）对复杂问题进行概念化，识别研究对象涉及的主要因素；（2）分析各因素之间的关系和从属关系，构建有序的分层结

构模型；（3）对同一层次的各因素进行两两比较，评估它们对上一层准则的相对重要性，并建立判断矩阵；（4）从判断矩阵中计算各被比较因素对上一层准则的相对权重，并进行一致性检验；（5）计算各层次相对于总目标的综合权重，并进行总排序。

（三）模糊综合评价法

综合评价是对受多种因素制约的对象进行的总体评估。当评价因素呈现模糊性时，产生的评价称为模糊综合评价。这种评价方法的数学模型包括一级、二级和多级评价模型。模糊综合评价基于模糊数学，运用模糊关系合成原理，将一些边界模糊、难以量化的因素进行定量化综合评估。

模糊综合评价分为单级模糊综合评价和多级模糊综合评价，模糊综合评价的计算步骤包括：（1）确立评价指标集合；（2）明确评语集合；（3）设定各指标的权重；（4）构建模糊评价矩阵；（5）得出最后的评价结果。对于学科化服务这样的复杂系统，通常采用多级模糊综合评价方法进行评估。

（四）AHP-模糊综合评价法

AHP-模糊综合评价法是一种将层次分析法与模糊综合评价法相结合的评估方法，充分发挥了两者的优势。层次分析法能有效地梳理和综合人们的主观判断，将复杂问题以有序的层次结构表示，有效处理决策中的定性与定量因素。它通过对决策方案的优劣进行排序，成功地解决了定性问题的定量转化，特别适用于无结构特性的复杂对象系统。

模糊综合评价法采用隶属函数描述差异的"中间"过渡，能较好地解决综合评价中的模糊性，因此更适合评价因素多、层次结构多的对象系统。

AHP-模糊综合评价法由两部分组成，即层次分析法和模糊综合评价法。模糊综合评价是在层次分析法基础上进行的，两者相互支持，共同提升评价的可靠性与有效性。

学科化服务评价本质上是定性与定量评价的综合体。AHP-模糊综合评价法可以有效地将学科化服务评价中的定性评价进行定量化处理，基本实现整体量化评价。同时，该方法还可以提高两种评价方法的可靠性，从而增强评价的有效性。

四、高校图书馆学科化服务评价的指标

（一）高校图书馆学科化服务保障评价

服务保障作为学科馆员服务工作顺利进行的基本要素，包括硬性条件与软性条件，而硬性条件主要聚焦于此指标。评估此指标有助于评价主体对学科馆员工作环境的客观理解，并反映出学科馆员自身工作的主观积极性。在这个评价指标下，设有五个二级指标：服务政策支持、文献信息资源保障、服务设施保障、服务合作支持，以及服务经费保障。

1. 服务政策保障

学科化服务活动的开展不仅依赖学科馆员个人主观能动性的发挥，同时也需要学校和图书馆全面的政策支持。学校和图书馆的政策支持为学科化服务活动创造了一个良好的平台，为学科馆员服务提供了重要的保障和支持。

学校在学科化服务政策保障方面的主要措施包括：（1）制定学科馆员聘任、岗位职责等一系列服务要求的详细规定，明确学科馆员的工作职责和服务范围，保障学科馆员有明确的工作目标和任务；（2）制定相关的激励政策和待遇，为学科馆员提供良好的工作环境和福利待遇，如职称晋升、奖金、培训和学术交流等方面的支持和激励；（3）建立健全的学科馆员绩效考核制度，对学科馆员的工作进行科学、公正、全面的考核和评价，为学科馆员服务提供有力的保障和支持。

评估学科化服务政策保障的好坏，有助于评价主体对学科馆员工作环境的客观理解，并反映出学校和图书馆对学科馆员服务工作的重视程度。在这个评价指标下，我们需要考虑政策保障的全面性、可行性和公正性等多个方面，以确保学科馆员服务活动能够得到有效的支持和保障。

2. 文献信息资源保障

充足的文献信息资源是学科馆员开展工作的基本条件，同时也是读者进行研究的关键要素。对文献信息资源保障的评估，需要从以下几个方面进行考察和分析。

（1）文献信息资源的学科覆盖范围：评估文献信息资源相对完备程度，考虑各学科都拥有一定数量的文献信息，尤其是重点学科的文献资源需更加丰富

和全面，从而满足读者的学术研究需求。

（2）文献信息的学科结构状况：评估同一学科内文献信息资源的分布情况，考虑文献信息来源类型、专业性、权威性等因素，以确保文献信息的可靠性和适用性。

（3）文献信息的语种状况：主要关注中文和各类外文语种文献信息的数量及比例，以满足读者的多样化需求和学科发展的需求。

（4）文献信息的载体结构情况：主要关注文献信息载体的合理配置和使用，包括纸质载体、网络载体和光盘三种，以满足不同读者的使用需求，提高文献信息的利用效率。

评估文献信息资源保障的好坏，有助于评价主体对学科馆员工作的客观理解，为学科馆员提供更加丰富、专业、权威的文献信息资源，提高服务质量和效率。在这个评价指标下，我们需要考虑文献信息资源的质量、数量、多样性、使用方便性和可靠性等多个方面，以确保学科馆员能够有效地开展服务工作，为读者提供优质的文献信息资源保障。

3. 服务设施保障

学科化服务设施保障是指保障学科馆员顺利开展服务的组织机构、设备、系统等保障条件。在评估学科化服务设施保障指标时，需要考虑以下几个方面。

（1）学科馆员服务场所的合理性和舒适性：主要考虑学科馆员开展服务所在的场所是否具备舒适、安全、便利等基本要素，如温度、光线、噪声、通风等。

（2）学科馆员办公设备的完备性和专业性：主要考虑学科馆员开展服务所需的办公设备是否能够满足其工作需要，如计算机、打印机、扫描仪等。

（3）学科馆员服务信息系统的完备性和先进性：主要考虑学科馆员开展服务所需的信息系统是否先进完备，如学科馆员服务系统、电子文献检索系统等。

（4）学科馆员服务场所和设备的维护和更新：主要考虑学校和图书馆是否能够及时、有效地维护和更新学科馆员服务场所和设备，以保证其正常使用和维持工作效率。

评估学科化服务设施保障的好坏，有助于评价主体对学科馆员服务环境的客观理解，为学科馆员提供良好的服务场所、设备和信息系统，提高服务质量和效率。在这个评价指标下，我们需要考虑服务设施的现代化程度、功能性、可持续性和维护成本等多个方面，以确保学科馆员能够高效、专业、便利地开展服务工作。

4. 服务合作保障

学科化服务活动不是孤立进行的，需要学校其他部门以及读者的大力支持与合作，他们的支持与合作为学科馆员的工作提供了良好的服务环境，是学科馆员顺利开展工作的重要条件。一般来说，学科馆员重点是要做好学校其他部门和对口单位的工作，这需要学科馆员经常和他们保持沟通、联系，更要以良好的服务取得他们的信任。

5. 服务经费保障

学校和图书馆应确保学科化服务活动所需的物质条件得到充分保障，尤其是在经费方面提供强有力的支持。为了保障学科馆员的服务工作，学校应该每年将一定比例的预算资金用于图书馆购置信息资源。同时，学校还需要制订相应的计划，加强学科馆员队伍建设，为馆员的培训、进修学习等活动提供相应的资金支持。最后，需要确保资金的专项使用，禁止挪用或占用。

（二）高校图书馆学科化服务能力评价

1. 学科馆员的专业服务能力

（1）学科馆员的信息获取能力

这方面的能力包括：① 迅速判断信息的实用性；② 快速引入外部信息；③ 强大的信息获取能力。图书馆的学科馆员通过与用户建立互动式信息服务机制，在与用户的互动过程中，了解用户兴趣，深入挖掘用户需求，并通过个性化定制和推荐来满足他们的需求。此外，用户在获取信息时，可以通过在线问答、在线咨询、BBS、博客等方式进行沟通和交流，甚至深入到学校教学科研的第一线。总的来说，我们应通过多种培训和实践来提高学科馆员敏锐的信息获取能力。

（2）学科馆员的信息利用能力

具备了信息认知和吸收能力后，学科馆员可以作为某方面的专家，利用自己的专业优势和信息资源优势在实际操作中锻炼以下能力：① 快速有效地将新信息知识应用于关键工作；② 迅速有效地向需要的用户提供新信息；③ 快速有效地将新信息知识应用于相关服务。

通过持续学习，学科馆员可以充分利用这些信息服务知识与用户建立互动信息服务机制，依靠图书馆文献资源和基础设施，将图书馆的学科化服务推向院系，并参与用户的科研教学活动。为了不断提高图书馆馆员的专业技能，图书馆必须建立一套科学完整的进修、学习制度，激励学科馆员积极提高专业能力。

2. 学科馆员的评价反思和创新服务能力

在职业生涯中，学科馆员不可避免地会面临来自上级、同事和学科服务对象的正反两面评价。对于这些评价，学科馆员需要进行自我反思，调整工作策略和方法以实现绩效目标，从而提升自我评估、反思和创新服务能力。

学科化服务是一种主动服务，因此，要求学科馆员在服务内容和形式上保持不断创新。这既需要具备敢于开拓、善于拓展视野的能力，也要有持续学习新知识、研究新问题及勇于创新的精神。

（三）高校图书馆学科化服务绩效评价

服务绩效评估是对学科化服务质量和数量的衡量，是服务评估的关键组成部分。质量反映了学科馆员为读者提供服务的层次和水平，数量则体现了学科馆员所提供服务的人数和总量。这两个方面都是学科馆员服务成果的直接反馈，学科馆员服务绩效评估主要涵盖服务效率、服务效益和服务质量。

值得注意的是，服务绩效评估受到读者主观因素的影响。由于不同的读者有各自不同的信息需求，学科馆员无法让每位读者都完全满意。因此，读者对学科化服务的评价不可避免地带有一定程度的主观性。同时，在评估过程中，质量和数量的权衡也是一个挑战。

1. 服务的效率

在现代信息社会中，服务的价值很大程度上取决于其时效性。现代竞争往往体现为服务效率的竞争，效率成为高品质服务的核心要素。因此，学科化服务也需要关注服务效率。这意味着学科馆员需要在规定的时间内回答读者提出的问题，对读者的服务需求作出及时、主动的响应，为读者提供实时、新颖的学科成果和信息，处理信息以生成二次和三次文献，并在尽可能短的周期内提供给读者。学科化服务的高效率来自学科馆员对学科信息资源的高度关注、敏锐的信息判断能力、服务技术的改进，以及技能水平的提升。

2. 服务的效益

服务效益是衡量学科化服务水平的一个关键指标，服务效益体现在读者对学科化服务的满意程度及服务带来的优秀成果。学科馆员通过一系列的服务活动，提升读者的信息素养，从而在读者心目中塑造良好的形象。

读者满意是指读者认为图书馆的服务理念、行为等达到或超出他们的预期，读者满意度是读者在接受图书馆服务后对服务质量的一组评价数据。读者满意度评估主要分为视觉满意和状况满意两部分，视觉满意包括：（1）服务理念和发展方向的满意；（2）管理结构、规定、人员配置和服务部门的满意；（3）知识体系、业务技能、行为准则和责任心的满意；（4）服务态度、效率和主动性的满意；（5）信息透明度、网络信息、馆际互借、信息共享、资源整合和数据库链接数量的满意；（6）隐私保护的满意。读者与咨询专家之间的所有交流应被视为个人隐私，共享交流信息须获得读者同意。除非事先声明，图书馆不得使用读者的姓名、电子邮件地址或咨询问题。在将问题和答案加入数据库时，图书馆应删除可识别的读者信息。

状况满意体现在：（1）馆员的教育程度；（2）与服务专业的关联性；（3）图书情报工作的资质和专业知识背景；（4）互动性，包括有计划地开展各种培训形式、通过定期培训培养敬业精神、建立评估制度等。

在评估学科化服务效益时，由于量化标准难以统一为固定值，各馆需根据自身情况确定。在实际执行过程中，需要实事求是，客观评估成绩，同时正视服务中存在的不足。

3. 服务的质量

学科化服务质量评估是学科服务发展的必然结果。对学科化服务质量进行科学、客观的评估有助于我们了解高校图书馆学科服务的现状和发展趋势，促进学科服务激励和约束机制的建立和完善，提升高校图书馆的管理水平和综合竞争力。具体体现在以下几个方面。

（1）加强与专业用户联系。对学科化服务质量的评估旨在更好地为专业用户提供信息服务。科学、客观的评价能使用户意见和建议得到及时反馈，增进图书馆与专业用户之间的沟通。学科馆员可通过分析评价反馈，改进服务中的缺陷，进一步提高信息服务质量。

（2）自我检查与调整。质量评估有助于提高学科化服务的动力和活力，成为自我诊断和调整的基本手段。按照一定标准，用户对服务进行评估，或者通过与其他院校的学科服务进行比较，发现优点与不足，从而明确提高服务质量和改进管理的路径，大幅提升学科化服务质量，切实提高用户收益。

（3）决策依据。通过服务质量评估，高校图书馆可全面、准确地保障和监督学科馆员信息服务质量和管理水平，为决策提供可靠依据。一方面，宏观监督与管理学科化服务；另一方面，调整服务内容和形式，为学科馆员信息服务的深化与拓展提供科学决策，确保服务目标实现。

（4）预测与规划。随着学科化服务的深入，用户对服务质量要求逐渐提高。高校图书馆通过客观评估分析优点，发现差距，为未来规划和把握学科化服务发展方向提供支持。

（5）推动与激励。评估对学科化服务起到推动和激励作用，将评价信息作为自我检查和调节手段，使学科馆员调整心态，明确学科化服务方向，提高自身素质，为提供高质量信息服务创造积极条件。

总的来说，当前学科服务研究中，作为评估对象，学科服务质量具有一定的模糊性，具体体现在以下几个方面。

（1）评估因素的多样性。评价学科馆员的服务质量需要考虑多个方面，如服务环境、资源保障、服务特点、服务成效等。此外，评估因素可能具有多级、多元的特点。

（2）评估因素的模糊性。一些指标产生的信息是非数据类型的，即每个评估因素难以用具体的数字进行量化描述和衡量，如难以用一个确切的数字来衡量学科馆员的创新能力。

（3）评估执行主体的主观差异。由于学科馆员服务质量是用户根据自己的主观判断进行综合评估的，所以评估本身具有明显的主观差异性，从而使不同评估者对同一学科馆员的服务质量可能作出不同甚至相反的评价。

参考文献

[1] 高健磊. 新时期高校管理与发展路径探索 [M]. 北京：中国政法大学出版社有限责任公司，2021.

[2] 梁丽肖. 教育信息化背景下高校管理机制探究 [M]. 长春：吉林人民出版社，2021.

[3] 邓青林. 高校管理队伍专业化与教学质量优化研究 [M]. 西安：世界图书出版西安有限公司，2018.

[4] 赵丽娟. 高校科研管理的理论与实践探索 [M]. 北京：北京理工大学出版社，2019.

[5] 刘玉琴. 基于科研关系网络的高校科研管理研究 [M]. 北京：知识产权出版社，2018.

[6] 徐红，陈承. 构建与实施：高校科研评价体系研究 [M]. 武汉：华中师范大学出版社，2019.

[7] 程树武. 高校辅导员工作机制研究 [M]. 南昌：江西高校出版社，2020.

[8] 渠东玲. 高校辅导员队伍建设与工作发展研究 [M]. 沈阳：辽宁大学出版社有限责任公司，2021.

[9] 储祖旺，蒋洪池，李祖超. 高校学生事务管理质量与评估 [M]. 武汉：中国地质大学出版社，2017.

[10] 吴爱芝. 大数据时代高校图书馆智慧化学科服务研究 [M]. 北京：海洋出版社，2018.

[11] 苏改芸. 人本管理下的高校教育管理路径探究[J]. 公关世界，2022（18）：73-75.

[12] 梅乐堂. 新形势下推进高校管理育人工作的途径 [J]. 中外企业文化，2022（8）：190-192.

［13］张韵华. 财经类高校科研管理综合评价体系研究［J］. 黑龙江科学，2022，13（9）：68-69.

［14］李亭，赵春晓. 高校学生事务管理服务标准化体系研究［J］. 江西电力职业技术学院学报，2019，32（8）：94-96.

［15］黄文丽. 高校科研管理评价机制的研究［J］. 闽西职业技术学院学报，2019，21（2）：92-94.

［16］吕梅婷. 高校辅导员管理系统的设计与实现［J］. 科教文汇（上旬刊），2017（6）：103-104.

［17］肖艳红. 高校教学质量管理评价体系探析［J］. 教育与职业，2015（36）：47-49.

［18］李战军，诸澜兮. 高校辅导员绩效考核评价体系研究［J］. 中国集体经济，2015（12）：108-109.

［19］孙永佳. 高校教学质量的管理与评价体系的建设［J］. 才智，2014（35）：140.

［20］张淑军. 新媒体时代高校图书馆学科化服务［J］. 办公自动化，2021，26（7）：52-53+44.

［21］陆双双. 高校线上教学质量管理研究［D］. 哈尔滨：哈尔滨师范大学，2021.

［22］季佩佩. 日本高校学生事务管理研究［D］. 杭州：杭州师范大学，2021.

［23］宋雪. 高校辅导员队伍专业化建设研究［D］. 杭州：杭州电子科技大学，2016.

［24］吴茵荷. 香港高校科研管理研究［D］. 金华：浙江师范大学，2016.

［25］杨茜芸. 高校图书馆学科化服务工具研究［D］. 武汉：华中师范大学，2016.

［26］申雪寒. 高校辅导员管理机制论［D］. 长春：东北师范大学，2015.

［27］诸澜兮. 基于360度绩效考核的高校辅导员评价体系构建［D］. 镇江：江苏大学，2015.

［28］殷乐. 我国高校学生事务管理研究［D］. 武汉：武汉体育学院，2014.

［29］王建刚. 高校教学质量管理系统的分析与设计［D］. 厦门：厦门大学，2013.

［30］刘芳. 高职院校辅导员绩效评价体系的研究［D］. 长沙：长沙理工大学，2011.